TARIR LA SOURCE DE

l'anxiété

Données de catalogage avant publication (Canada)

Reid, Louise

    Tarir la source de l'anxiété: se défaire du ressentiment

    (Collection Psychologie)

    ISBN 2-7640-0641-1

1. Angoisse – Étiologie.   2. Angoisse – Prévention.   I. Titre.   II. Collection: Collection Psychologie (Éditions Quebecor).

RC531.R44 2002   616.85'223071   C2002-940661-7

LES ÉDITIONS QUEBECOR
7, chemin Bates
Outremont (Québec)
H2V 4V7
Tél.: (514) 270-1746

©2002, Les Éditions Quebecor
Bibliothèque nationale du Québec
Bibliothèque nationale du Canada
ISBN: 2-7640-0641-1

Éditeur: Jacques Simard
Coordonnatrice de la production: Claire Morasse
Conception de la couverture: Bernard Langlois
Illustration de la couverture: The Image Bank
Révision: Francine St-Jean
Infographie: Dany St-André, 15e Avenue infographie

Nous reconnaissons l'aide financière du gouvernement du Canada par l'entremise du Programme d'Aide au Développement de l'Industrie de l'Édition pour nos activités d'édition.

Gouvernement du Québec – Programme de crédit d'impôt pour l'édition de livres – Gestion SODEC.

Imprimé au Canada

TARIR LA SOURCE DE
l'anxiété

LOUISE REID

LES ÉDITIONS
Quebecor
QUEBECOR MEDIA

À ma mère, Georgette

Table des matières

Troisième partie
Les canaux de dérivation

Avant-propos

Grâce au présent ouvrage, vous allez découvrir, à travers des mots et des images très simples, quelle est la source inconsciente unique à laquelle s'alimentent toutes les maladies et tous les désordres reliés à l'anxiété. Vous apprendrez à reconnaître cette source infectieuse en vous, à voir de quelle manière elle s'est développée et les dégâts qu'elle a pu causer. Plus important encore, lorsque vous aurez pris conscience des éléments qui composent le foyer d'infection, vous aurez la possibilité de nettoyer l'abcès et de vous en débarrasser définitivement à l'aide d'un exercice relativement doux et facile à effectuer.

Une telle entrée en matière peut sembler prétentieuse: offrir sur un tout petit plateau la source de tous nos malaises anxieux, alors que de nombreux autres livres traitent de l'anxiété sous toutes ses formes, dans tous ses tenants et aboutissants, et que des milliers de médicaments différents ont été mis au point pour tenter de diminuer ses effets néfastes. Toutes les approches avec lesquelles j'ai travaillé ou sur lesquelles j'ai lu des ouvrages font mention des éléments qui composent cette source comme étant une partie ou une résultante de l'anxiété alors qu'ils en sont la cause directe, et que c'est sur cette source infectieuse qu'il faut obligatoirement travailler.

Au fil des années, j'ai appris à faire fi de toutes les théories qui visent à expliquer l'anxiété et ses méfaits, car aucune d'entre elles ne m'a permis de me libérer des poussées dépressives, de l'anxiété généralisée et de l'état de panique intérieure qui m'habitaient presque constamment. Pourtant, j'avais cherché à m'en défaire avec des psychothérapies douloureuses, la prise de médicaments et, de façon ultime, par une tentative de suicide. Malgré tous mes efforts, l'anxiété était toujours présente et continuait de régner sur tout mon royaume intérieur.

Il y a une dizaine d'années, j'ai subi un infarctus majeur qui ne me donnait que 5 % de chances de survie. Celui-ci m'a laissée très affaiblie et incapable d'accomplir les tâches que j'assumais auparavant et qui n'avaient rien à voir avec le domaine psychologique. J'ai alors lentement décidé de réorienter ma vie, et une seule croyance m'a donné la volonté de continuer: j'étais persuadée qu'il existait une source unique à toutes les formes d'anxiété et que si tel était le cas, j'allais travailler à la débusquer et à l'éliminer, et ce, peu importe le nombre de jours, de mois ou d'années qu'il me restait à vivre. Tel serait dorénavant mon but.

Je suis retournée aux études pour faire un baccalauréat en psychologie dont je n'ai retenu que quatre ou cinq concepts qui touchent tous le fonctionnement de notre esprit inconscient. Je sentais que la source de l'anxiété était profondément enracinée à cet endroit, même si, bien sûr, elle était invisible. Pendant cette période et par la suite, je me suis permis de ressentir, simplement, sans chercher à mettre des mots sur ce qui me venait de l'intérieur. J'ai travaillé aussi avec de nombreuses personnes en souffrance et jamais je n'ai cherché à mettre des étiquettes sur le mal dont elles souffraient. Pour moi, mettre un nom sur leur malaise n'avait aucune importance. Elles étaient là, devant moi, et elles avaient d'abord besoin d'être soulagées.

En éliminant toute la recherche théorique reliée à la psychologie, je suis demeurée là, face à la souffrance toute nue, et au fil des mois, j'ai commencé à voir les vrais tenants de l'anxiété que chacun ressentait et qui étaient présents dans chaque cas: des doutes profonds quant à leur valeur et à leur mérite de vivre, d'être aimé, d'être heureux et d'être respecté ainsi qu'une incertitude quant à la capacité d'assumer seul leur vie. C'était là des doutes très inconscients chez la plupart, mais qui avaient eu le pouvoir de créer des peurs, des peines, des sentiments d'incompréhension et d'impuissance, de la culpabilité et de la colère, des éléments qui constituaient le pus remplissant l'abcès dont ils souffraient. La plupart avaient tenté de survivre au doute en utilisant des cordons comme ceux du ressentiment, de la dépendance affective et de l'apitoiement sur soi qui, chacun à leur manière, avaient le pouvoir de les rassurer. Chez certains, les doutes étaient tellement forts qu'ils s'étaient transformés en quasi-certitude de non-valeur, ce qui les laissait confrontés à une sensation de vide intérieur, de néant, de trou noir.

J'avais enfin l'impression de *voir* cette source invisible qui m'avait tant fait souffrir et qui blessait tous ceux à qui je venais en aide: les doutes relatifs à notre valeur, à notre droit à la vie et à notre capacité d'assumer celle-ci. C'était aussi simple que cette toute petite phrase mais aussi compliqué que les 40 années d'efforts que j'avais produits pour éviter d'affronter cette incertitude.

J'ai commencé à orienter mon travail en fonction de cette source. Comme mon but premier était de soulager la souffrance morale le plus rapidement possible, j'ai cherché le moyen de faire disparaître les sensations de trous noirs auxquels peuvent nous confronter ces doutes lorsqu'ils sont devenus trop forts et qui peuvent nous handicaper très fortement, que ce soit par le trouble panique, la phobie sociale, la dépression ou le stress post-traumatique. J'y suis parvenue en établissant une comparaison entre les trous noirs qui coupent notre route de vie et les crevasses qui coupent parfois une route réelle, et en développant un exercice qui permet de réparer le trou noir, de faire disparaître la sensation de néant intérieur. C'est l'approche que j'ai présentée dans mon ouvrage précédent, *Réparer sa route de vie*, et qui permet d'arrêter l'hémorragie.

Aujourd'hui, je souhaite pouvoir joindre tous ceux qui vivent de l'anxiété, que celle-ci soit diffuse, généralisée ou chronique. Dans le présent ouvrage, je vous présente cette source infectieuse avec les mots et les images les plus simples que j'ai pu trouver. Il y a une phrase tirée du film *Philadelphie*, prononcée par Denzel Washington, qui m'a marquée profondément et qui disait à peu près ceci: «Expliquez-moi cela comme à un enfant de six ans, pour que je puisse comprendre.» Je ne crois pas que l'on ait besoin de milliers de pages pour expliquer quelque chose de simple lorsque nous savons exactement quelle est la cible visée. Nous avons simplement besoin de présenter les mots justes et les images appropriées. C'est ce que ce livre vous propose: une prise de conscience de la source du mal et du fait qu'elle nous habite, le tout suivi d'un moyen efficace pour nous en défaire.

Cette approche a prouvé son efficacité chaque fois qu'elle a été utilisée et vous y avez dorénavant accès vous aussi. Je sais aujourd'hui que j'ai eu raison de m'accrocher à la vie après avoir subi cet infarctus majeur et je vous offre les résultats de cette survie.

Évaluation

Les liens inadéquats que nous entretenons avec certaines personnes servent à nous protéger face aux doutes que nous ressentons relativement à notre propre valeur. Avant de procéder plus avant, il serait peut-être bon de répondre au questionnaire suivant qui vous permettra d'évaluer si vous entretenez ce type de liens, quels noms prennent ceux-ci et à quelle situation ils sont reliés.

Questionnaire

Vos réponses doivent s'établir sur une échelle de 0 à 3, où: 0 = aucunement; 1 = un peu; 2 = beaucoup; 3 = énormément.

Questions: Réponses:
                                              0 1 2 3

Bloc 1
Entretenez-vous de la rancune pour:
- une parole qui vous a blessé?   — — — —
- un jugement qu'on a porté contre vous?   — — — —
- un rejet que vous avez subi?   — — — —
- un sentiment d'avoir été abandonné?   — — — —
- de la violence à votre endroit?   — — — —

Bloc 2
Entretenez-vous un désir de vengeance envers:
- un parent?   — — — —
- un employeur actuel ou ancien?   — — — —
- un confrère de travail?   — — — —

Questions:

Réponses:
0   1   2   3

- un conjoint?
- un ex-partenaire?
— — — —
— — — —

Bloc 3
Avez-vous l'impression:
- de ne pouvoir vivre seul?
- d'avoir absolument besoin
de l'amour de l'autre?
— — — —
- d'être incomplet lorsqu'il s'absente?
— — — —
- de ne pouvoir prendre de décision
sans son avis?
— — — —
- de ne pouvoir respirer sans lui?
— — — —
- que vous mourriez s'il devait
vous quitter?
— — — —

Bloc 4
Êtes-vous prêt:
- à tous les compromis pour garder l'autre?
- à oublier vos besoins au profit des siens?
— — — —
- à le suivre au bout du monde?
— — — —
- à accepter des comportements
inadéquats de sa part?
— — — —

Bloc 5
Avez-vous l'impression:
- que vous êtes particulièrement
malchanceux?
- que le malheur semble s'acharner
sur vous?
— — — —
- que la plupart des gens ne vous
comprennent pas?
— — — —
- qu'on essaie souvent de profiter de vous?
— — — —
- que votre vie n'est qu'une longue
suite de problèmes?
— — — —

Questions:

- de devoir lutter constamment
  pour avancer?   — — — —

Bloc 6
Aimeriez-vous:
- que les gens soient plus gentils?   — — — —
- qu'ils s'intéressent plus à ce qui
  vous arrive?   — — — —
- qu'ils soient plus compatissants?   — — — —
- que la vie soit moins dure avec vous?   — — — —
- être aussi chanceux que les autres?   — — — —

Bloc 7
De votre enfance, avez-vous conservé:
- des souvenirs pénibles?   — — — —
- certains regrets?   — — — —
- des remords?   — — — —
- de la culpabilité?   — — — —
- une impression de malaise général?   — — — —
- un sentiment d'inaptitude et
  d'incompétence?   — — — —
- une peur de l'abandon et du rejet?   — — — —
- une mauvaise perception de l'amour?   — — — —
- des doutes quant au bonheur possible?   — — — —
- une incertitude quant à votre valeur?   — — — —

Bloc 8
À la suite du décès d'un proche, avez-vous de la difficulté:
- à reprendre votre vie en main?   — — — —
- à accepter qu'il ne reviendra plus?   — — — —
- à croire qu'il a pu vous quitter?   — — — —
- à pardonner à la vie de vous l'avoir pris?   — — — —
- à vous défaire des objets qui lui
  ont appartenu?   — — — —

Questions: Réponses:
                                                                0   1   2   3

- à prendre des décisions sans chercher à
  découvrir ce qu'il en aurait pensé?
- à vous souvenir des bons moments   __ __ __ __
  que vous avez partagés ensemble?
                                                                __ __ __ __

Bloc 9
À la suite d'une séparation ou d'un divorce, avez-vous l'impression:
- qu'il est impossible que cette relation
  soit terminée?
- que la rupture est injuste?   __ __ __ __
- que vous n'avez peut-être pas fait tout   __ __ __ __
  le nécessaire?
- qu'on vous a rejeté?   __ __ __ __
- qu'on vous a abandonné?   __ __ __ __
- que l'avenir s'est refermé devant vous?   __ __ __ __
Ressentez-vous: __ __ __ __
- un sentiment d'incompréhension?
- un sentiment d'impuissance?   __ __ __ __
- une impression de trahison?   __ __ __ __
- de la colère?   __ __ __ __
- de la rancune?   __ __ __ __
                                                                __ __ __ __

Bloc 10
Dans votre vie en général, avez-vous l'impression:
- d'avoir de la difficulté à avancer?   __ __ __ __
- de traîner derrière vous des boulets?   __ __ __ __
- de vivre votre vie à moitié?   __ __ __ __
- que des peurs vous bloquent la route?   __ __ __ __
- que vous hésitez trop souvent?   __ __ __ __
- que la rancune vous étouffe?   __ __ __ __
Ressentez-vous:
- une impression de vide?   __ __ __ __
- une sensation d'inutilité?
                                                                __ __ __ __

Questions: Réponses:

                                                    0 1 2 3

- une frustration continuelle?   — — — —
- une colère face à la vie?   — — — —
- un désir de vous sentir mieux
  dans votre peau?   — — — —

Résultats

Les questions des blocs 1 et 2 dénotent la présence du ressentiment, celles des blocs 3 et 4 se rapportent à la dépendance affective, alors que celles des blocs 5 et 6 concernent l'apitoiement sur soi, trois cordons qui peuvent s'avérer très toxiques.

Les questions du bloc 7 sont relatives aux blessures de l'enfance, celles du bloc 8 révèlent les difficultés auxquelles peut être confrontée une personne qui doit finaliser le deuil d'un proche qui est décédé, et celles du bloc 9 démontrent les problèmes que nous pouvons éprouver à la suite d'une rupture affective. Les questions du bloc 10 sont plus générales et soulèvent des éléments laissant soupçonner la présence de forte anxiété dans notre vie.

Si vous avez répondu affirmativement à certaines de ces questions, les pages qui suivent pourront vous apporter une meilleure compréhension de votre vécu émotif, un profond soulagement et, lorsque vous aurez effectué l'exercice pratique, un sentiment de liberté et de reprise en main de votre vie.

*Introduction**

Les problèmes anxieux que nous ressentons à l'âge adulte relèvent de séquelles douloureuses que nous avons conservées du monde de l'enfance et qui peuvent sembler inscrites à l'encre indélébile. Chacun de nous a éprouvé des difficultés d'adaptation durant l'enfance, car nous avons tous eu à effectuer de nombreux apprentissages, et il n'existe malheureusement aucune recette magique qui permette de se développer sans heurt. Au contraire, nous avons tous dû procéder par essais et erreurs, réussites et échecs, ne fût-ce que pour apprendre à marcher dans un premier temps.

Au cours de l'enfance, nous avons élaboré des façons d'entrer en communication avec nos proches, conservant celles qui donnaient de bons résultats et mettant de côté les autres qui nous apportaient du désagrément. Nous avons appris à décoder les regards, les paroles et les gestes des personnes que nous avions à côtoyer quotidiennement. Dans notre vie courante et par le biais d'éléments tels que la télévision, nous avons été en contact avec la confiance et la méfiance, le respect et le mépris, l'amour et la haine, la générosité et l'égoïsme, l'humilité et l'orgueil, toutes des attitudes que nous avons eu inconsciemment à évaluer dans notre jolie tête d'enfant.

Se sont ajoutés les apprentissages reliés aux différentes pertes que nous avons dû subir, à commencer par le fait que nos parents ne pouvaient être disponibles pour nous continuellement. Comme la logique est absente chez le jeune

---

* La forme masculine a été utilisée dans le seul but d'alléger le texte et ne se veut nullement discriminatoire.

enfant, l'incompréhension face à une perte est très forte et nous avons trouvé des réponses qui n'avaient souvent rien à voir avec la réalité. Cependant, c'étaient nos réponses à nous et elles se sont imprimées dans notre petit cerveau. Donc, avant que nous ayons atteint l'âge de six ans, nous avons eu de nombreux apprentissages à effectuer, nous avons développé des croyances, vraies ou fausses mais qui sont profondément enregistrées dans notre esprit inconscient, et nous avons acquis une perception de nous-mêmes ainsi que du monde qui nous entoure.

Le monde d'un enfant tourne autour de lui-même; il en est le centre. Il est incapable de se rendre compte que les gens, les choses et l'environnement puissent avoir leur propre vie, indépendante de lui, car un tel concept demande l'apport de la logique, et celle-ci ne se développe qu'à partir de l'âge de six ans. Si l'un de ses parents est de mauvaise humeur, l'enfant est persuadé qu'il a quelque chose à voir avec la colère de ce dernier, peu importe les explications rationnelles qu'on puisse lui donner pour le rassurer. Avec cette forme de pensée émotive à laquelle la logique n'avait pas accès, nous avons tous acquis très jeunes de nombreuses fausses croyances relativement au monde qui nous entoure et aux dangers auxquels celui-ci nous confronte. Nous savions instinctivement que sans papa, maman ou les personnes signifiantes qui nous entouraient, nous ne pouvions survivre dans ce monde qui nous semblait beaucoup trop grand pour nous. Le rejet et l'abandon étant, inconsciemment, synonymes de solitude et de mort, nous avons tous, dans notre jeune âge, développé divers comportements et réactions visant à les éviter. Dans notre esprit d'enfant, la croyance inconsciente suivante s'est gravée: «Si papa et maman s'en vont et me laissent seul, je vais mourir. Il ne faut pas que cela se produise.» C'est à partir de cette croyance inconsciente que se cultive chez les enfants une peur très grande du rejet et de l'abandon, car ils sont équivalents à la mort, au vide, au trou noir.

Lorsque l'esprit logique se développe, l'enfant peut réussir à rationaliser certaines de ces fausses croyances et, en grandissant, prendre conscience qu'il a la compétence nécessaire pour assumer sa vie et assurer par lui-même sa propre sécurité. Pour que cette prise de conscience soit possible, le jeune doit avoir la capacité et la possibilité de verbaliser ses craintes face à la prise en charge de sa vie et ses doutes quant à ses aptitudes à assumer cette dernière. Dès lors, la logique peut effectuer son travail en lui permettant de se rendre compte qu'il est un être autonome doté de toutes les forces et qualités qui lui sont nécessaires et éliminer ainsi la surcharge créée par ses peurs.

Malheureusement, nombre d'entre nous n'ont pas eu soit la capacité, soit la possibilité de confronter ces fausses croyances relatives à notre pouvoir d'assumer seul notre vie. Elles se sont ancrées profondément dans notre esprit inconscient et y sont demeurées en permanence, peu importe notre âge aujourd'hui. Comme elles n'ont jamais été confrontées à la réalité, elles transportent encore avec elles de fortes craintes quant à de possibles abandons ou rejets. Tant et aussi longtemps qu'elles demeurent au niveau inconscient, notre logique n'a aucune prise sur elles. Le rôle de ce livre est de nous permettre de les ramener au niveau conscient et de décider logiquement, par la suite, si nous désirons les conserver en nous ou, au contraire, nous en débarrasser enfin.

Cette incertitude quant à notre valeur et à notre capacité d'assumer notre vie est à la base de tous les troubles anxieux auxquels nous pouvons être confrontés dans notre vie. Si nous voulons voir se tarir la source de notre anxiété et ainsi permettre à l'énergie générée par notre système émotif de circuler librement à nouveau, nous devons faire face à notre incertitude ainsi qu'à nos doutes. Nous pourrons alors couper ces cordons destructeurs qui nous empêchent de nous assumer seuls mais qui, d'autre part, nous maintiennent prisonniers de nos peurs profondes.

Les incertitudes et les doutes relatifs à notre valeur ont des racines profondément ancrées dans l'enfance, quelle qu'en ait été sa substance. L'enfant qui a été particulièrement choyé et protégé pourra développer une forte anxiété à la pensée de devoir assumer seul ses choix et ses décisions. À l'âge adulte, il ne pourra rendre sa famille responsable de sa difficulté à s'assumer, puisqu'il a reçu tout l'amour et l'attention qui lui étaient nécessaires. Il risque fort alors de développer une colère contre lui-même en se considérant comme incompétent et inapte alors que dans les faits, sa seule difficulté a été l'impossibilité dans laquelle il s'est trouvé de confronter la fausse croyance relative à sa valeur et à sa capacité d'assumer sa vie.

À l'opposé, de nombreux enfants doivent grandir dans une famille dysfonctionnelle, où l'amour semble inconsistant, sinon absent, et à l'intérieur de laquelle on peut trouver diverses formes de violence, des comportements compulsifs, des dépendances multiples ainsi que des situations de rejet et d'abandon physique. Dans de tels cas, nous pouvons utiliser le terme «enfance toxique», car l'environnement offre très peu de ces balises de sécurité qui permettent à un enfant de développer normalement son estime de soi. Ce genre d'enfance peut s'avérer particulièrement destructrice de par les fausses croyances qu'elle nous amène à développer ainsi que par les comportements inadéquats qu'elle offre en exemple. Elle procure un environnement peu propice au dialogue et dans lequel l'enfant aura souvent intérêt à se taire, à se faire tout petit, à «disparaître». Dans un tel cas, le questionnement inconscient sur sa valeur et son mérite à la vie, à l'amour et au bonheur a tout intérêt à demeurer inconscient, car il y a des problèmes à la maison qu'il semble beaucoup plus important de solutionner. Et pourtant, pour l'enfant, ces incertitudes représentent le problème majeur auquel il est confronté. Peut-être les problèmes arrivent-ils parce qu'il n'est pas suffisamment gentil, obéissant, aimable, aimant et coopératif! S'il n'était pas si faible, il pourrait sûrement défendre les siens contre la violence qui sévit! Si on le rejette, c'est certainement parce qu'il ne mérite pas d'être aimé! Et les incertitudes s'accumulent, minant l'estime de base que l'enfant avait de lui-même.

L'adulte qui a évolué dans ce type d'environnement et qui a développé de forts doutes quant à sa valeur et à sa capacité d'assumer sa vie, a la possibilité de tourner sa colère contre un objectif autre que lui-même. C'est ici que peuvent entrer en jeu les différents cordons, particulièrement celui du ressentiment. «Je suis incapable de m'en sortir aujourd'hui parce que je n'ai aucune confiance en moi, et cela, je le dois à mes parents et à l'atmosphère pourrie qui existait à la maison.»

Ce cordon sert, pendant un certain temps, à faire dériver les surcharges que les peurs relatives à la non-valeur occasionnent. Et, à ce titre, il permet à la personne d'éviter d'être submergée par le désespoir. Il contribue donc à sa survie affective, mais son effet est de courte durée. Le malheur, avec les cordons, est que nous en venons inconsciemment à croire que nous ne pouvons survivre qu'à travers eux et nous nous y accrochons comme un naufragé qui s'agrippe à une bouée de sauvetage.

Chaque personne que nous rencontrons au cours de notre vie imprime en nous des souvenirs qui peuvent être très forts ou qui, au contraire, portent une trace à peine visible. Certains ont revêtu tant d'importance qu'ils nous habitent notre vie durant alors que d'autres ont été relégués profondément dans notre esprit inconscient et y dorment depuis. Il est important de savoir que la puissance de nos souvenirs est directement reliée à la force des émotions qui y sont rattachées. Ainsi, ceux qui ont procuré de grandes joies auront la capacité de nous faire du bien toute notre vie durant, alors que ceux qui ont été entachés par la peine et la peur pourront nous poursuivre et contribuer à nous détruire, peu importe notre âge, et ce, jusqu'à ce que nous ayons la possibilité de nous défaire des émotions difficiles qui y sont reliées.

Il est très facile de dire qu'il faut couper les ponts avec le passé, oublier, passer à autre chose ou pardonner, mais il est beaucoup plus difficile de le faire. Un souvenir ne s'efface jamais, car il est imprimé dans notre cerveau. Il peut y être gravé de différentes manières: «souvenir», «souvenir» ou «**souvenir**»; dans ce livre, il sera question du dernier cas. Certains sont ainsi beaucoup plus présents et visibles que d'autres, et c'est le cas de ceux qui sont imprimés en caractères gras et gros. Il faudra toujours se souvenir que la taille et l'épaisseur que notre cerveau a utilisées pour encoder le souvenir relèvent directement de la puissance des émotions qu'il y a emmagasinées en même temps. Ainsi, un mauvais «**souvenir**» peut redevenir un «souvenir» lorsque nous parvenons à le débarrasser de la peur et de la peine qui l'accompagnent. C'est exactement le but que poursuit ce livre en nous permettant de redonner aux souvenirs qui nous blessent la juste dimension qui est la leur, soit le simple rappel d'un événement ou de plusieurs événements qui n'ont aucun pouvoir de nous faire mal ni de nous détruire.

Ces souvenirs constituent les cordons qui nous relient aux événements et aux personnes, et ils contribuent à créer un monde qui nous soit propre. Ces attaches sont extrêmement importantes, car elles nous permettent de nous sentir en relative sécurité dans ce monde où nous ne sommes qu'une parcelle infinitésimale. Elles nous donnent la possibilité de nous créer un micro-monde qui nous appartienne et auquel nous pouvons nous référer facilement et rapidement. Ainsi, la terre a beau posséder plus de deux milliards d'habitants, nous ne sommes pas perdus dans une masse car nous faisons pleinement partie et de notre propre monde et de celui de tous ceux avec qui nous avons entretenu et entretenons des liens.

Les cordons des souvenirs peuvent s'apparenter à de minces fils, à de forts cordages ou encore à des attaches aussi fortes que le cordon ombilical qui nous rattachait à notre mère avant notre naissance. Ils peuvent être doux ou rugueux, lourds ou légers, lumineux ou obscurs. Comme nous venons de le voir, la taille et la texture des cordons relèvent du type de relation que nous avons eue avec ces personnes et des traces que ces rapports ont laissées en nous. Au cours de notre vie, nous tissons d'innombrables liens. Certains sont très ténus parce que les rencontres ont eu peu d'impact sur nous, alors que d'autres sont extrêmement forts et solides. C'est entre autres le cas des cordons qui nous relient aux membres de notre famille proche et à ceux envers qui nous avons éprouvé des sentiments intenses. Certains liens sont positifs et constructifs, alors que d'autres s'avèrent négatifs et destructeurs, les deux pouvant se chevaucher dans le cadre d'une même relation.

Un cordon qui se veut doux et soyeux se dessine lorsqu'une émotion de joie, une réaction de bonheur et un sentiment de sécurité sont rattachés à un souvenir. Celui qui rappelle des émotions de peur et de peine accompagnées de réactions de colère, d'agressivité, d'insécurité et de doutes quant à notre valeur se veut sombre, rugueux et douloureux. Pour nous permettre une vie saine et douce, il est tout aussi important de conserver les cordons positifs que de nous défaire de ceux qui nous sont toxiques. Nous pouvons alors avancer sur notre route de vie sans être constamment retenus par le ressentiment, la rancœur, la peine, la peur, la colère, la haine et l'agressivité.

Certains cordons sont tellement toxiques qu'ils nous empêchent carrément de profiter de la vie et nous maintiennent dans un niveau d'anxiété très élevé. Ce peut être le cas, entre autres, si nous avons eu une enfance difficile ou destructrice, s'il nous a été impossible d'assumer un deuil, ou encore si nous avons été incapables de passer à travers une rupture amoureuse ou un divorce. Nous pouvons alors être prisonniers d'une relation qui a pris fin dans notre existence concrète mais qui, dans notre réalité inconsciente, survit très fortement et nous accompagne quotidiennement. Ce type de cordon s'alimente directement au sein du ressentiment, à celui de la dépendance affective ainsi qu'à celui de l'api-toiement sur soi.

On peut dire des blessures à l'estime de soi qu'elles sont comme des abcès de l'âme et que les incertitudes et les doutes quant à notre valeur constituent la source de l'infection. Dans toute blessure infectieuse physique, il faut traiter l'élément déclencheur pour éliminer la contamination et pour éviter une possible gangrène. Avant de parvenir à ce résultat final, il faut d'abord débarrasser la blessure du pus qui s'est développé en elle à la suite de la première infection. Dans notre système émotif, les doutes inconscients quant à notre valeur et notre capacité d'assumer notre vie constituent la source infectieuse, alors que les peurs et les peines non assumées que ces doutes ont provoquées forment le pus qui emplit la blessure.

Si nous avons un grave abcès sur une jambe, nous pouvons tenter de le soigner nous-mêmes en y apposant, jour après jour, une solution désinfectante quelconque. Malheureusement, les résultats risquent d'être minimes et lents alors que la douleur se fait persistante et que l'infection gagne peut-être du terrain en profondeur. Si l'abcès a commencé à crever, il peut aussi tout tacher et même infecter les zones environnantes. Si nous décidons plutôt d'aller voir un médecin afin qu'il traite l'abcès, celui-ci effectuera sans doute une chirurgie mineure en pratiquant une incision à la surface de l'abcès pour permettre au pus de sortir de la blessure. Par la suite, il pourra appliquer une solution désinfectante à la base de l'abcès.

Nous avons les mêmes choix de traitement avec les abcès de l'âme. Nous pouvons tenter de les soigner en utilisant une thérapie traditionnelle avec laquelle nous essaierons de trouver la source de l'infection et de la faire disparaître. Semaine après semaine, mois après mois, année après année, si nous sommes capables de nous rendre à la fin sans tout lâcher en cours de route, nous fouillerons notre passé, gratterons les vieilles cicatrices et tenterons de trouver des coupables.

Après beaucoup de temps et d'argent investi, peut-être comprendrons-nous que notre mal-être relevait simplement d'une fausse perception que nous avions de nous-mêmes et d'un manque d'estime de soi. Malheureusement, chaque fouille effectuée dans les cicatrices de notre passé nous aura possiblement apporté un lot de douleurs supplémentaires, et les comportements que cette souffrance nous aura poussés à adopter auront peut-être causé nombre de dégâts.

Il existe dorénavant un autre traitement émotif qui s'apparente à la chirurgie mineure que pratique le médecin pour un abcès physique: il s'agit de l'exercice pratique qui se trouve dans la cinquième partie de ce volume. Il consiste d'abord à accepter de reconnaître que nous avons certains doutes et incertitudes quant à notre valeur, à notre droit à la vie, à l'amour et au bonheur. Cette simple reconnaissance équivaut à crever l'abcès dont nous souffrons, mais elle ne saurait être suffisante pour soigner la blessure. Par la suite, nous procéderons à l'évacuation du pus que constituent les émotions non assumées en leur procurant un canal de dérivation qui soit sain et qui nous permette de les éliminer définitivement. C'est ainsi que disparaîtront tout simplement et en douceur l'abcès ou les abcès dont souffre actuellement notre âme et que se tarira d'elle-même la source de notre anxiété.

Avant de pouvoir parvenir à ce résultat, il est important de bien comprendre tout ce processus d'incertitude qui sous-tend l'anxiété. Dans la première partie de ce livre, nous apprendrons à voir notre système émotif dans son plus simple appareil. Nous allons le percevoir sans ces couches superflues qui nous empêchent habituellement de le voir tel qu'il est vraiment, c'est-à-dire un dispositif simple et génial possédant de nombreuses similitudes avec le système électrique et qui génère l'énergie qui nous permet d'avancer dans la vie.

Dans la deuxième partie, nous apprendrons comment les courts-circuits internes peuvent provoquer des chocs entraînant la panique et les phobies ainsi que des pannes majeures menant à la dépression et au *burnout*.

La troisième partie nous mettra en rapport avec les différents canaux de dérivation nommés logique, ressentiment, dépendance affective et apitoiement sur soi et que nous utilisons pour évacuer les surcharges émotives.

La quatrième partie nous permettra de comprendre l'importance de soigner les blessures qui nous viennent de l'enfance, de finaliser le deuil d'un proche décédé et d'assumer une rupture affective pour parvenir ainsi à nous libérer des boulets qui nous empêchent d'avancer dans la vie.

À la cinquième partie du livre, nous aurons pris conscience de la force des doutes qui nous habitent, de la manière dont ils se sont formés ainsi que des différents modes d'évitement qu'ils nous poussent à adopter, et nous serons prêts à vider l'abcès dont ils sont la source. C'est le travail que nous effectuerons alors, dans le cadre d'un exercice simple et doux, qui est le même pour tout le monde, peu importe la problématique anxieuse dont nous souffrons et son intensité.

Pour terminer, la sixième partie nous présentera des personnes ayant effectué la coupure de cordons toxiques et soigné ainsi les abcès anxieux dont elles souffraient.

À l'aide de mots et d'images très simples, cet ouvrage nous permettra de redonner sa juste dimension à l'anxiété, cette problématique qui nous a toujours semblé si complexe et si effrayante alors qu'en fait, elle n'est que la résultante directe des doutes inconscients que nous entretenons face à notre droit à la vie, à l'amour et au bonheur.

Première partie

Notre système émotif

Chapitre 1
Les émotions

Les émotions sont des entités qui nous habitent tout au long de notre vie, à chaque heure, à chaque minute et à chaque seconde qui passent. Elles constituent une énergie qui nous anime et nous pousse à agir. Sans les émotions, nous serions comme des robots, ces machines capables d'effectuer de nombreuses tâches mais incapables de générer eux-mêmes l'énergie dont ils ont besoin. Si nous étions à l'image des robots, notre cerveau serait programmé selon un mode de survie, selon les besoins de reproduction de l'espèce, et nous contribuerions à la réalisation de cette dernière sans nous poser de questions. Nous n'aurions pas à affronter la souffrance psychologique et morale, ce qui nous simplifierait beaucoup la tâche de vivre, mais en contrepartie, nous serions privés de la joie et du bonheur que cette dernière engendre. Notre cœur serait alors un joli petit moteur activé par une énergie transmise par une pile ou un fil électrique. Comme nous ne sommes pas des robots, nous devons générer nous-mêmes cette énergie qui nous pousse à avancer dans la vie, à faire des choix et à assumer nos actions.

Le système électro-émotif

Notre système d'énergie émotive est une entité très complexe dont la plupart des éléments se trouvent au niveau inconscient et sont, de ce fait, invisibles. Pour en faciliter la compréhension, nous allons lui accoler des images auxquelles notre esprit logique est capable de se reporter et qui nous permettront enfin de *voir* comment travaille notre système émotif. Ces images équivalent à celles d'un système d'énergie électrique, leur mode de fonctionnement se rapprochant beaucoup l'un de l'autre.

Si nous essayons d'étudier un système électrique dans sa plus simple expression, sans nous perdre dans les explications scientifiques, nous pouvons dire simplement que l'énergie qui se trouve dans un fil ou dans une pile électrique doit circuler constamment entre deux pôles dont l'un est positif et pousse l'énergie, alors que l'autre est négatif et tire cette énergie, ce qui lui permet un flux constant. Le pôle négatif est doté d'un brin métallique qui se nomme *ground* et qui sert à délester le surplus d'électricité et à éviter les surcharges qui pourraient provoquer des courts-circuits et des pannes. C'est ainsi, par exemple, que se présente l'énergie dans une batterie d'automobile.

Illustration 1.1 L'énergie électrique dans une batterie

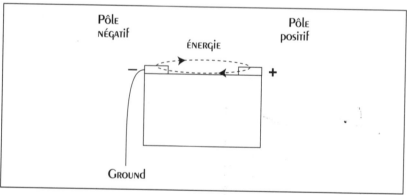

L'énergie que nous procurent les émotions doit procéder selon le même schéma. Nous avons besoin, pour fonctionner, tant des émotions positives, c'est-à-dire douces et agréables comme les joies, que des émotions négatives, c'est-à-dire difficiles et pénibles comme les peines et les peurs. Dans notre système émotif, la joie représente le pôle positif qui nous fournit l'énergie nécessaire à notre fonctionnement et qui nous propulse vers l'avant. Quant à la peine et à la peur, elles constituent le pôle négatif qui amène à prendre conscience des joies que nous ressentons et nous fait les apprécier. Le *ground* de notre système émotif correspond à une prise avec la logique qui nous permet de demeurer terre à terre, en contact avec nous-mêmes et avce la réalité.

ILLUSTRATION 1.2 L'ÉNERGIE ÉMOTIVE

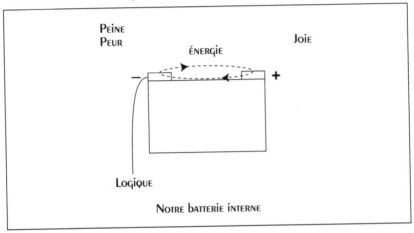

Donc, notre énergie émotive circule continuellement entre le pôle «joie» qui nous donne le goût d'avancer dans la vie et le pôle «peine-peur» qui nous tire quelque peu en arrière et nous permet de demeurer en contact avec nous-mêmes. Elle utilise notre pouvoir logique pour libérer les surplus émotifs et demeurer en contact avec la réalité. L'énergie émotive est équilibrée lorsque nous nous permettons à la fois de vivre pleinement nos joies et de faire face à nos peines et à nos peurs, aidés en cela par le canal logique.

Pour bien comprendre ce processus, imaginons que nous sommes invités à une fête et que cette invitation nous procure une grande joie; nous avons le goût d'y aller et de nous y amuser. Cependant, nous savons qu'une personne avec laquelle nous nous sommes querellés sera elle aussi de la fête et nous avons peur de nous retrouver face à elle, car nous ne savons pas quelle sera, de part et d'autre, la réaction. Cette peur nous ennuie, car elle bloque notre route, diminue notre plaisir et nous cause de l'anxiété.

ILLUSTRATION 1.3 LE GOÛT D'AVANCER VERSUS LA PEUR

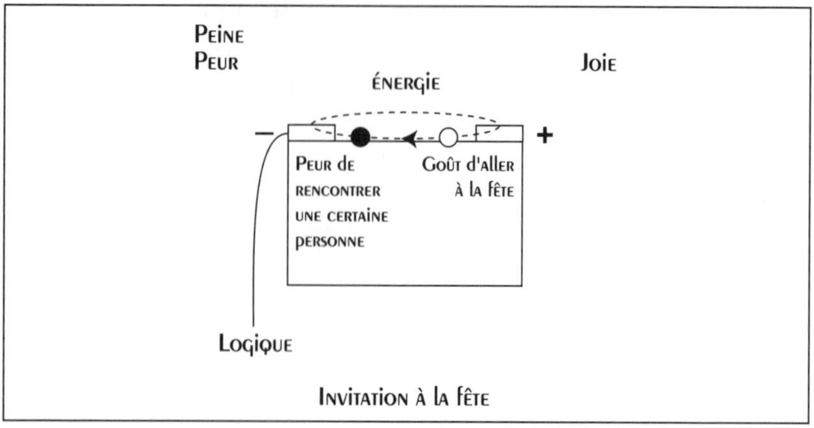

Si cette peur demeure présente, nous pouvons faire le choix d'aller quand même à cette fête mais nous risquons de nous y sentir mal à l'aise, en position défensive. Il y a fort à parier qu'il sera difficile de profiter pleinement de la fête. Nous pouvons aussi nous priver de la sortie et décider de demeurer à la maison pour éviter tout problème éventuel. Il existe cependant une alternative, beaucoup plus saine, qui consiste à prendre conscience de cette peur, à l'identifier clairement et à la confronter à notre pouvoir logique.

Voyons comment pourrait intervenir notre esprit rationnel dans une telle situation. Nous prenons conscience que nous avons peut-être peur d'être blessés à nouveau par cette personne ou que nous craignons de voir un climat de froideur ou d'agressivité s'installer et de déplaire ainsi à notre hôte. Notre logique peut nous suggérer de nous rendre à la fête, de saluer poliment cette personne sans avoir à discuter vraiment avec elle et de nous laisser plutôt emporter par le plaisir que nous procurera la rencontre avec tous les autres invités présents. Lorsque nous prenons conscience des peurs qui nous habitent, nous pouvons trouver des solutions raisonnables pour éviter de parvenir aux résultats négatifs que nous anticipons. Nous garderons sans doute une vigilance minimale face à cette personne, afin d'éviter de possibles mauvaises surprises, mais celle-ci n'aura pas le pouvoir de nous faire rater le bonheur pressenti. En dédramatisant les peurs et les peines que nous vivons, notre logique déleste les surplus émotifs qui entravent notre route et nous permet d'avancer plus librement.

ILLUSTRATION 1.4 LA PEUR ET L'ACCÈS LOGIQUE

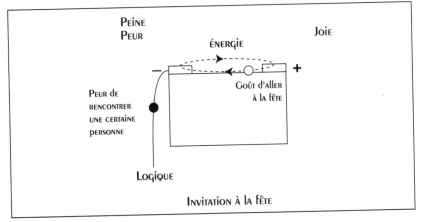

Le déséquilibre émotif

Un exemple qui nous permet de bien comprendre l'importance de l'équilibre entre ces deux pôles émotifs est celui de la maladie bipolaire, souvent nommée dans le langage populaire «maniaco-dépression», où des cycles d'allégresse intense et de découragement profond se succèdent en alternance. Quand elle se trouve en période de manie, la personne atteinte ressent de très grandes joies, une sensation de bonheur intense, une très forte estime de soi ainsi qu'une volonté extrême d'aller de l'avant. Elle ne tient alors aucun compte de la réalité environnante, c'est-à-dire sa famille, sa sécurité physique et ses obligations sociales, professionnelles et financières. Elle se sent la plus heureuse des personnes et la logique ne peut intervenir; il y a donc une forte surcharge au pôle positif. En période de dépression, par contre, l'énergie demeure bloquée au pôle négatif, et la personne ne vit, à ce moment, qu'à travers la peine et la peur. Elle n'éprouve plus ni joie ni plaisir et ressent une très grande tristesse. Son estime d'elle-même est au plus bas et elle se sent incapable d'avancer. Là encore, sa réalité familiale, sociale, professionnelle et financière perd toute son importance et elle se perçoit comme la plus malheureuse des personnes. La logique n'a aucune prise sur ses pensées, et la surcharge s'accentue énormément sur le pôle négatif. Qu'elle soit dans une période de manie ou de dépression, la personne souffrant de maladie bipolaire n'est pas en contact direct avec la réalité, et le monde lui apparaît soit tout blanc, soit tout noir. Il n'y a pas de juste milieu. Le *ground* constitué par l'esprit logique est hors d'usage.

Ce modèle de la maladie bipolaire nous démontre que pour avoir un bon équilibre émotif, notre énergie doit obligatoirement circuler continuellement et librement dans le pôle positif (représenté par la joie) et le pôle négatif (représenté par la peur et la peine). Il en va de même avec les désordres comme la dépression, les différentes phobies, la panique. Dans chacun de ces cas, l'énergie demeure bloquée ou ralentie au pôle négatif, c'est-à-dire au niveau de la peine et de la peur, nous empêchant, de ce fait, d'avancer. Dans chacune de ces problématiques, notre esprit logique n'a aucune prise ou, à tout le moins, a beaucoup de difficulté à effectuer son travail.

Les émotions toxiques

On peut dire des émotions qu'elles sont toxiques lorsqu'elles nous maintiennent prisonniers de l'un des deux pôles et qu'elles empêchent notre énergie de circuler librement. Il faut être attentif à bien départager les émotions du pôle négatif et les émotions toxiques, car il y a une grande différence entre elles. Les émotions difficiles comme la peine et la peur sont naturelles, omniprésentes et nécessaires, tout comme l'est la joie, et ne sont aucunement synonymes de toxicité lorsqu'elles sont bien assumées.

Cependant, si nous reprenons l'exemple du désordre bipolaire, la joie ressentie par la personne en période de manie peut être considérée comme un poison, car elle l'intoxique en la coupant de la réalité et, ainsi, de sa sécurité de base. En phase de dépression, la peur et la peine constituent des émotions tout aussi vénéneuses, car elles ne laissent aucune possibilité de circulation pour la joie, rendant impossible toute avancée.

La joie peut aussi s'avérer malsaine lorsque nous l'utilisons pour nous cacher à nous-mêmes et aux autres les peines et les peurs profondes qui nous habitent, à l'image d'un clown triste. Nous connaissons tous au moins une de ces personnes qui font continuellement des blagues, rient très fort et semblent ne rien prendre au sérieux et qui, lorsque nous parvenons à percer la façade, laissent filtrer des émotions extrêmement pénibles.

Pour leur part, la peine et la peur peuvent se transformer en poison lorsqu'elles ne sont pas assumées et qu'elles nous maintiennent attachés au pôle négatif de notre système émotif. C'est ce qui se produit dans le cas du ressentiment, de la dépendance affective, de l'apitoiement sur soi, d'une rupture affective non assumée, d'un deuil non finalisé ou des blessures de l'enfance mal soignées. Chacune de ces problématiques repose sur les peurs profondes et inconscientes de ne pas mériter d'être aimé et d'être incapable de s'assumer seul, et créent une incertitude quant à notre valeur profonde. Ces peurs créent des cordons toxiques qui nous maintiennent attachés au pôle négatif. Avec le ressentiment, la dépendance affective et l'apitoiement sur soi, nous évitons de regarder en face notre peur du rejet et de l'abandon. C'est cette raison qui nous pousse à tenir si fortement à ces cordons toxiques, comme s'ils étaient des bouées de sauvetage, même si, en bout de ligne, nous savons qu'ils nous détruisent à petit feu.

En coupant ces cordons toxiques qui nous retiennent prisonniers, nous nous débarrassons de très lourds boulets et nous permettons à notre énergie de circuler à nouveau harmonieusement entre ses deux pôles de base. La peine, la peur et la joie retrouvent alors leur dimension normale, c'est-à-dire de saines émotions.

ILLUSTRATION 1.5 L'ÉNERGIE ÉLECTRIQUE

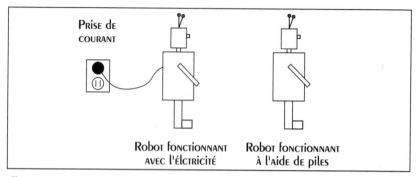

ILLUSTRATION 1.6 L'ÉNERGIE ÉMOTIVE

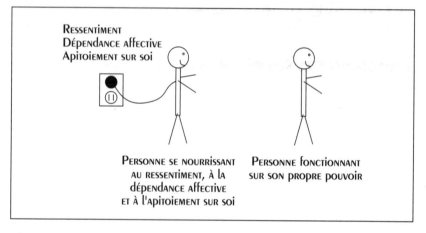

La pile ou le fil

Un robot ou un appareil électrique peut fonctionner à l'aide d'un fil ou être muni d'une pile qui donne beaucoup plus d'autonomie de déplacement. Nous pouvons aussi fonctionner sur le plan émotif selon ces deux modes soit en nous alimentant en énergie à des cordons, soit en produisant nous-mêmes notre propre énergie comme nous le démontrent les schémas suivants.

Nous sommes entièrement libres de décider quel mode de fonctionnement nous désirons privilégier. Sachons cependant que si tel est notre souhait, le présent ouvrage peut nous permettre de nous défaire de nos fils et de nous doter d'une pile très fonctionnelle.

Chapitre 2

Le rôle de la colère

Dans notre système émotif, notre esprit logique joue un rôle de *ground*, c'est-à-dire d'un fil qui permet de faire dévier une surcharge émotive et de l'éliminer. Il peut remplir ce rôle lorsque nous sommes conscients de la présence des émotions et des doutes qui nous habitent et que nous pouvons les confronter avec notre réalité.

Cependant, lorsque ces émotions et ces doutes sont profondément enfouis dans notre inconscient, ils créent beaucoup de pression interne et nous sommes dans l'incapacité d'utiliser notre logique pour libérer la surcharge. Il nous faut alors développer des conduits secondaires pour éviter à notre système d'exploser, de se court-circuiter. Nous voyons alors apparaître des canaux de circulation alternatifs comme le ressentiment, la dépendance affective ou l'apitoiement sur soi qui nous permettent de faire dévier temporairement les surplus.

L'énergie statique

Dans un système électrique, le *ground* est un fil de métal qui canalise les surcharges de courant et les dirige vers la terre où elles sont évacuées. Lorsque la prise à la terre est défectueuse, les surplus s'accumulent dans un appareil et créent des poches d'électricité statique qui peuvent provoquer des chocs lorsque nous entrons en contact avec elles. Notre corps devient alors un faux *ground*, un canal alternatif qui permet de libérer le surplus d'énergie. La surcharge est déviée mais en utilisant ce passage inhabituel, elle peut causer des dommages importants.

ILLUSTRATION 2.1 LE RÉFRIGÉRATEUR ET L'ÉLECTRICITÉ STATIQUE

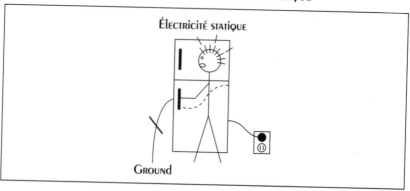

Dans notre système énergétique humain, le *ground* est constitué par un fil logique qui canalise les surplus émotifs et les confronte à la réalité, ce qui les amène à disparaître. Lorsque, par exemple, les peurs sont fortes et pénibles, la logique a parfois de la difficulté à entrer en action et à effectuer son travail. Les surplus émotifs sont alors dirigés à travers des cordons de remplacement et ils s'accumulent, créant ainsi une énergie inutilisée qui ne demande qu'à être évacuée à cause de la pression interne qu'elle nous fait subir. C'est ici que peut entrer en jeu la colère, qui joue le rôle d'un faux *ground* et qui devient un couloir privilégié d'évacuation de la pression causée par cette énergie émotive statique.

Pour voir plus concrètement le rôle des cordons de remplacement dans notre système émotif, reprenons l'exemple que nous avons utilisé dans le chapitre précédent. Nous sommes invités à une fête où nous savons qu'une personne avec laquelle nous nous sommes querellés récemment s'y trouvera et nous ressentons des peurs face à cette rencontre éventuelle. Nous avons vu qu'il nous est possible d'utiliser le canal de la logique pour dévier le surplus de pression que nous causent ces peurs. Toutefois, pour que notre raison puisse intervenir, il faut que nous soyons conscients de leur présence. Si les peurs demeurent inconscientes, nous devrons quand même liquider la pression qu'elles nous occasionnent.

Nous pourrons alors utiliser le canal du ressentiment et en vouloir fortement à la personne que nous tiendrons comme unique responsable de la querelle, et nous dire que nous ne nous laisserons certainement pas priver du plaisir de cette fête par sa simple présence. Nous croirons aussi que c'est plutôt à l'autre de ne pas se présenter et que, s'il le faut, nous en profiterons pour lui dire encore ses vérités en face. Nous nous sentirons quelque peu rassurés face à la situation à venir. Cependant, nous serons en situation de défensive, prêts à l'attaque mais incapables de vivre le bonheur présent.

Nous pourrons également nous servir du canal de l'apitoiement sur soi en nous disant à quel point nous sommes malchanceux de ne pouvoir jouir pleinement d'une telle invitation et en attendant des autres qu'ils compatissent à notre malheur. Nous sommes rassurés, car nous avons l'impression que les autres pourront nous protéger au besoin de l'*agresseur* et sauront que s'il devait survenir une tension lors de la fête, ce serait la faute de l'autre. Nous passerons peut-être ainsi une *merveilleuse* soirée à déblatérer contre cette personne et à tenter de nous faire prendre en pitié, mais nous ne serons certainement pas disponibles aux différents autres plaisirs.

ILLUSTRATION 2.2 LES CANAUX DE REMPLACEMENT

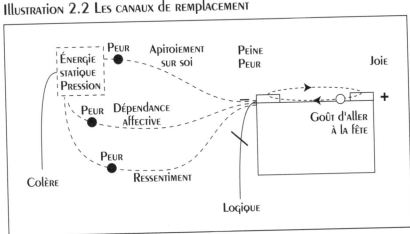

Quant au canal de la dépendance affective, il pourra nous mener à prendre sur nous toute la responsabilité de la querelle afin d'éviter d'être rejeté, ridiculisé ou humilié à nouveau par cette personne, développant ainsi divers scénarios de réconciliation et oubliant de profiter du plaisir offert. Ce canal a le pouvoir de nous rassurer, car il donne l'impression de pouvoir acheter la paix.

Chacun à leur manière, ces canaux de dérivation libèrent les peurs qui bloquent le passage et permettent à notre énergie de circuler à nouveau; nous pourrons donc aller à la fête. Chacun des canaux aura cependant eu le pouvoir de créer de la frustration qui s'agglutinera en une énergie statique qui devra sortir un jour ou l'autre.

Les visages de la colère

On définit la colère comme étant une réaction de mécontentement accompagnée d'agressivité et de violence. Elle est cependant beaucoup plus subtile que cette simple définition et peut prendre différents visages, selon qu'elle est tournée contre les autres ou contre soi-même. La colère orientée contre les autres peut s'afficher ouvertement à travers la rage, la frustration, la révolte, la haine ainsi que les comportements agressifs et violents. Nous connaissons tous les innombrables dégâts matériels, relationnels et humains que peuvent provoquer de telles attitudes.

La colère que l'on tourne contre soi est habituellement beaucoup moins évidente, mais elle est très présente et s'exprime par des comportements autodestructeurs, des sentiments de culpabilité et de honte ainsi que du perfectionnisme. Elle peut parfois prendre des proportions et des détours insoupçonnés, et son cheminement peut s'avérer dramatique lorsque rien ne vient la ralentir. Au début, une personne commence par s'en vouloir de ses défauts et faiblesses, puis elle en vient à ne même plus reconnaître ses qualités et ses forces. Elle se sent lentement dépassée par les événements et elle met de plus en plus l'accent sur ses échecs et erreurs. Elle peut chercher à se punir de diverses manières, ou alors le découragement peut la submerger et prendre toute la place. Elle se sent coupable de tous les malheurs, aussi bien des siens que de ceux des autres. Elle en vient peut-être même à se sentir coupable d'être au monde et à ressentir un soulagement lorsqu'elle se détruit ou se blesse.

Voilà donc la colère, cet outil privilégié qui sert d'exutoire à la pression que nous occasionnent les peines et les peurs avec lesquelles nous n'arrivons pas à composer.

La colère et l'estime de soi

Peu importe les visages qu'adopte la colère, elle n'est présente que pour évacuer les surcharges d'énergie occasionnées par la peur et la peine non ou mal assumées. Cette énergie statique est constituée, entre autres, par les peines reliées à certains rejets, abandons et trahisons ainsi qu'à diverses pertes et séparations. Chacune de ces peines recouvre des doutes profonds et inconscients qui ont le pouvoir de créer des surcharges d'insécurité extrêmement puissantes. Nous parlons ici des incertitudes relatives:

- à notre bonté, à notre force et à notre compétence;
- à notre droit à la vie, à l'amour, au bonheur et au respect;
- à notre capacité d'assumer seul notre vie.

Ces doutes nous poussent à éviter de décevoir, de déplaire ou de déranger et ils nous font craindre l'échec, l'erreur, la faiblesse, le jugement et le ridicule. En effet, tous ces éléments pourraient provoquer le rejet, l'abandon et la solitude, trois situations qui viendraient nous prouver que nous ne sommes pas suffisamment forts et compétents pour mériter l'amour, le bonheur et la vie, en plus d'assumer cette dernière.

C'est ainsi que nous pouvons voir le cercle vicieux de peur qu'engendre la mésestime de soi et qui est à la base de

ILLUSTRATION 2.3 LE CERCLE VICIEUX DU MANQUE D'ESTIME DE SOI

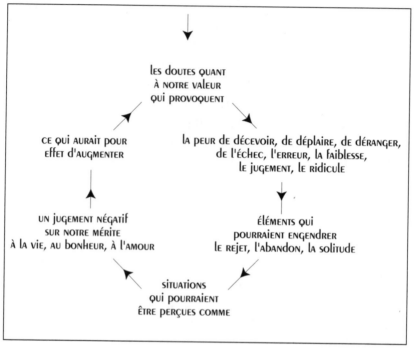

notre anxiété, de nos comportements inadéquats et de la colère sous toutes ses formes, peu importe contre qui elle est tournée.

Lorsque nous faisons appel à notre logique, nous savons que nous méritons de vivre, d'être heureux et d'être aimés, et nous connaissons les raisons qui nous octroient ce droit. Cependant, ces peurs sont souvent si profondes et inconscientes qu'il est difficile pour notre esprit logique d'y avoir accès. C'est la raison pour laquelle les canaux dérivatifs que sont le ressentiment, la dépendance affective et l'apitoiement sur soi sont parfois surutilisés, avec la pression interne qu'ils occasionnent. Le seul moyen efficace de briser ce cercle vicieux consiste à ramener ces doutes à la surface de la conscience pour les faire disparaître et retrouver ainsi l'estime de soi et la certitude que nous méritons la vie, l'amour et le bonheur.

Chapitre 3

La peur: un mal nécessaire

Nous savons maintenant que les émotions font partie intégrante de nous, qu'elles sont présentes à chaque instant et nous procurent l'énergie nécessaire pour fonctionner en tant qu'être humain et avancer dans la vie. Nous sommes aussi conscients que cette énergie n'est équilibrée que lorsqu'elle circule librement dans les pôles positif et négatif constitués par la joie, la peine et la peur, et que son système est protégé des surcharges par le *ground* de la logique. Pour simplifier encore plus la vision de notre système émotif, nous allons éliminer temporairement le mot «peine» qui est accolé au pôle négatif, car celle-ci recouvre toujours une certaine dose de peur.

   Il nous est habituellement relativement aisé de composer avec la joie mais beaucoup plus difficile d'affronter la peur, justement parce qu'elle nous fait... très peur. Cependant, comme nous le verrons ici, celle-ci nous accompagne tous les jours de notre vie et, de ce fait, il est primordial de reconnaître et d'accepter cette partie de nous. Pour y parvenir, nous allons tenter de comprendre quelle est la provenance de la peur et voir le rôle capital qu'elle joue dans notre vie.

La peur et l'adaptation

L'une des tâches essentielles de notre cerveau est de tenter de nous assurer un bon équilibre psychologique. Pour ce faire, il doit s'adapter aux nouvelles situations que nous rencontrons et trouver différentes façons d'agir et de réagir chaque fois qu'un changement se produit dans notre vie, ce qu'il doit effectuer quotidiennement puisque nous sommes des êtres en constante évolution.

Lorsque des changements mineurs se produisent, nous ne sommes habituellement pas conscients de leur apparition et de l'adaptation qu'ils demandent. Si nous nous procurons un nouvel ouvre-boîte, nous nous habituons simplement à ce qui le différencie de l'ancien, sans nous poser vraiment de questions car il s'agit d'une adaptation simple. Si des modifications plus complexes surviennent, une adaptation est d'autant plus nécessaire. Notre cerveau doit se préparer à affronter les perturbations imprévues qui accompagnent les changements majeurs, par exemple l'arrivée d'un bébé, le début d'un nouvel emploi, le décès d'un proche ou le divorce. Il faut nous acclimater aux nouvelles données que ce changement implique. L'adaptation passe obligatoirement par l'apparition de doutes et de questions qui y sont reliées. Certaines de ces questions sont perceptibles, alors que d'autres demeurent inconscientes, mais toutes visent à nous protéger, à assurer notre sécurité mentale, que l'événement soit positif ou négatif. Voici quelques-unes des questions qui peuvent se présenter à nous selon le type d'événement auquel il nous faut nous adapter.

Tomber amoureux
- Ai-je raison de faire confiance à cette personne?
- Est-il réellement la personne que je pense qu'elle est?
- Est-ce que cette personne m'aime autant que je l'aime?
- Et si, en bout de ligne, je me faisais blesser?

Avoir une peine d'amour
- Pourquoi moi? Est-ce que je méritais autant de souffrance?
- Est-ce que cette personne m'a quitté parce que je n'en valais pas la peine?
- Est-ce que cela va faire mal pour le reste de mes jours?
- Serai-je capable de faire à nouveau confiance à quelqu'un?

Décider de se marier
- Est-ce que je fais le bon choix en me mariant?
- Est-ce réellement ce que je désire?
- Suis-je prêt à passer le reste de ma vie avec cette personne?
- Est-ce que tout sera prêt à temps pour le mariage?

Vivre un divorce
- Si cette personne ne m'aime plus, est-ce parce que je ne suis pas assez bon?
- Si je ne l'aime plus, est-ce parce que je n'ai pas fait suffisamment d'efforts?
- Que vont penser de moi mes amis et ma famille?
- Vais-je être capable de vivre seul?

Gagner un gros montant à la loterie
- Qu'est-ce que je vais faire avec tout cet argent?
- Devrais-je le dépenser ou le placer pour plus tard?
- À qui devrais-je en donner? Ceux à qui je n'en offrirai pas seront-ils fâchés contre moi?
- Si je quitte mon emploi, vais-je le regretter?

Avoir des problèmes d'argent
- Si je ne suis plus capable de payer mes factures, est-ce parce que je ne sais pas m'organiser?
- Est-ce que je vais perdre tout ce que j'ai mis tant d'efforts à acquérir?
- Qu'est-ce que les autres vont penser de moi?
- Ma famille va-t-elle m'aimer moins si je ne suis plus capable de leur donner ce à quoi elle a été habituée?

Obtenir une promotion
- Suis-je prêt à monter les échelons?
- Serai-je capable d'affronter ces nouvelles responsabilités?
- Est-ce que je mérite la confiance qu'on a mise en moi?
- Que va-t-il se produire si mes patrons sont déçus de ma performance?

Perdre un emploi
- Ma performance était-elle suffisante?
- Ma compétence est-elle en cause?
- Vais-je pouvoir me trouver un autre emploi?
- Si je n'ai plus de revenus, comment arriverai-je à m'en sortir?

Ce n'est là qu'un mince échantillon de toutes les questions que peut poser notre petite voix intérieure dans certaines situations données. Chacune de ces interrogations relève d'un doute quant à notre valeur, notre compétence ou notre capacité de nous assumer et de nous faire confiance et, par là même, elle provoque de la peur. Si nous sommes capables de prendre conscience de ces questions et de leur apporter des réponses honnêtes à l'aide de notre esprit logique, nous faisons disparaître le doute et, du même coup, la peur, et nous conservons alors toutes nos capacités pour nous adapter à la nouvelle situation. Si, par contre, nous sommes incapables de prendre conscience du questionnement qui nous habite lorsque nous devons nous adapter, les doutes relatifs à notre valeur et à notre capacité d'assumer notre vie ainsi que la peur qui les accompagne ne peuvent être éliminés par la logique et deviennent alors très envahissants, créant une forte anxiété. Nous devons alors trouver des canaux d'évitement pour dévier les surcharges émotives qu'ils provoquent.

Le processus pyramidal de l'anxiété

Comme nous pouvons le voir dans l'illustration suivante, tout changement dans notre vie implique une adaptation qui, elle, crée des doutes qui, à leur tour, engendrent des questions et des peurs; ce sont ces dernières qui provoquent le malaise anxieux. Face à celui-ci, nous avons besoin d'être rassurés et d'une présence qui puisse le faire.

ILLUSTRATION 3.1 LE PROCESSUS PYRAMIDAL INCONSCIENT DE L'ANXIÉTÉ

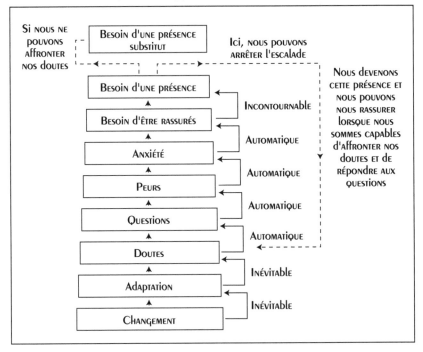

Les huit premiers échelons de la pyramide font partie intégrante de notre fonctionnement et de notre recherche d'équilibre. Ils s'enclenchent instinctivement et nous ne pouvons rien y changer. Nous devons simplement accepter leur présence, car ils nous permettent de vivre et, surtout, de survivre. Cependant, la force de l'anxiété étant directement proportionnelle à celle des doutes qui nous habitent, éliminer ceux qui touchent notre valeur profonde et notre capacité de nous assumer fait disparaître nombre de questions et abaisse d'autant le potentiel anxieux.

Lorsque nous ressentons de l'anxiété, celle-ci devient un signal d'alarme qui nous avertit de l'importance de prendre conscience des peurs qui nous habitent, si nous voulons diminuer la pression interne. Nous pouvons choisir d'entendre le signal d'alarme ou de l'ignorer. À cette étape, nous avons le choix. Nous avons un pouvoir possible sur notre malaise et nous pouvons éviter de monter au neuvième échelon de la pyramide.

Si nous sommes capables de prendre conscience des doutes et des peurs qui nous assaillent quant à notre valeur et à notre capacité d'assumer seuls notre vie, notre logique nous permet de répondre adéquatement aux questions qui sous-tendent les peurs et de trouver les réponses qui font disparaître la surcharge anxieuse. Nous devenons la présence qui rassure. Si nous sommes dans l'impossibilité d'affronter nos doutes et nos peurs, nous devrons trouver d'autres moyens pour soulager l'anxiété. Ces peurs demandent d'être rassurés et si nous ne pouvons le faire nous-mêmes, en répondant aux questions, nous faisons appel à des présences de substitution. C'est ici que peuvent entrer en jeu les canaux de dérivation que sont le ressentiment, la dépendance affective et l'apitoiement sur soi, qui ont tous comme mission première de nous rassurer.

Au chapitre 8, nous verrons comment chacune des présences substituts parvient à nous sécuriser quant à notre valeur, notre compétence ou notre droit à la vie, au bonheur et à l'amour. Cela nous permettra de comprendre la raison pour laquelle nous tenons souvent fermement à demeurer attachés à ces relations même lorsqu'elles sont devenues intoxicantes. En même temps, nous prendrons conscience du prix très élevé que ces présences de remplacement nous amènent parfois à payer. Tout d'abord, voyons quelles formes peuvent prendre les explosions ou les courts-circuits internes lorsque les surcharges émotives ne peuvent utiliser la piste logique pour s'évacuer.

Deuxième partie

Les courts-circuits émotifs

Chapitre 4

Les courts-circuits et les pannes

Le conduit le plus sain pour éliminer les surplus émotifs est le canal de la logique. Celui-ci peut cependant se bloquer lorsque les peurs sont trop fortes ou quand nous utilisons inconsciemment notre esprit rationnel non seulement pour libérer les surplus, mais aussi pour nous éviter de composer avec les émotions difficiles. Nous tombons alors dans un mécanisme appelé rationalisation qui sert à nous isoler de nos émotions, à ne pas les ressentir, à demeurer dans notre tête plutôt que dans notre cœur. Nous avons vu également que différents canaux de dérivation permettent de ne pas affronter les peurs profondes qui touchent notre valeur et que ceux-ci amènent les surplus à s'agglomérer en une énergie statique qui peut trouver son exutoire dans la colère et ses différentes formes.

Les canaux bloqués

Que se passe-t-il lorsque le canal de la logique et ceux du ressentiment, de la dépendance affective et de l'apitoiement sur soi bloquent ou deviennent peu fonctionnels? Qu'advient-il des surplus d'énergie que produisent nos émotions difficiles? Elles s'incrustent dans un pôle de fonctionnement, l'encrassent et rendent la circulation énergétique de plus en plus pénible.

ILLUSTRATION 4.1 LES SURPLUS ÉMOTIFS BLOQUÉS

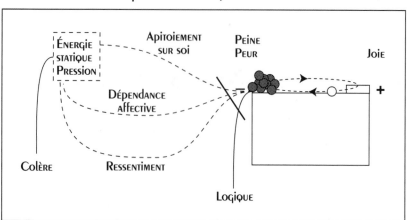

Nous sommes enfermés dans un mode de peine et de peur, et la joie nous parvient de plus en plus difficilement. Nous sommes en contact constant avec nos peurs et, peu importe la lutte que nous leur livrons, nous sommes toujours perdants et notre ciel s'assombrit. C'est là que nous pouvons voir apparaître les symptômes de dépression, de panique et de phobies diverses.

Les courts-circuits

À l'intérieur d'un système électrique, un court-circuit se produit lorsque deux conducteurs à potentiels opposés (positif et négatif) se heurtent ensemble, provoquant un choc suivi d'un arrêt de fonctionnement. Notre système émotif humain suit le même processus avec la panique et les phobies diverses. Dans le processus de circulation des émotions, le goût d'avancer induit par la joie, donc par le pôle positif, peut entrer en collision avec des peurs lorsque celles-ci sont bloquées et obstruent le passage. L'impact produit un choc interne que nous ressentons, consciemment ou non, et qui donne l'impression physique que notre cœur arrête de battre.

ILLUSTRATION 4.2 LES COURTS-CIRCUITS ÉMOTIFS

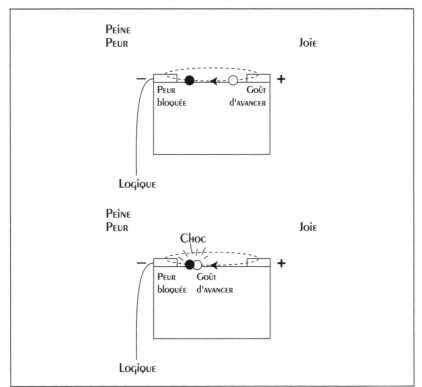

Notre cerveau perçoit distinctement ce choc et l'interprète comme un danger pour notre survie. Il nous amène à développer certaines attitudes qui visent à nous protéger et, pour ce faire, adopte diverses formes d'évitement dont le trouble panique et les phobies diverses.

Les pannes

À l'intérieur d'une organisation électrique, la panne de courant se produit lorsque l'énergie ne parvient plus au mécanisme qu'elle doit alimenter, ce qui l'empêche de fonctionner. Le dérèglement peut être causé, entre autres, par une déchirure du fil d'alimentation, une mauvaise circulation des ondes électriques ou un court-circuit. Nous pouvons tenter de réparer un appareil défectueux en travaillant sur le moteur d'un réfrigérateur, les éléments chauffants d'une cuisinière ou d'un grille-pain, ou encore le démarreur et l'alternateur d'une automobile. Mais si c'est l'arrivée de courant qui est en cause, aucune de ces tentatives de réparation ne donnera de résultats positifs. La panne persistera jusqu'à ce que la personne chargée de la réparation prenne en compte le problème qui se trouve dans l'approvisionnement énergétique.

Notre processus émotif suit exactement le même cheminement. En tant qu'êtres humains, nous pouvons nous trouver en panne de fonctionnement, incapables d'avancer, dans l'impossibilité de redémarrer, toute volonté annihilée, comme c'est le cas dans les problématiques de dépression et de *burnout*. Nous pouvons alors tenter de nous pousser vers l'avant, en nous fouettant, et chercher les causes de notre dysfonction dans les situations ainsi que les événements passés et présents, mais nous n'arrivons quand même pas à fonctionner. Notre source d'énergie est bloquée; l'entrave est, encore là, constituée par une ou plusieurs fortes peurs relatives à notre valeur. Nous avons beau essayer de les pousser pour pouvoir passer, elles ne bougent pas et bloquent le chemin.

Illustration 4.3 Une panne

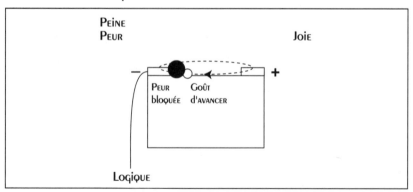

La seule manière de faire cesser la panne et de redonner à notre énergie la possibilité de circuler librement à nouveau consiste à faire disparaître ces doutes.

Chapitre 5

La panique

La panique est une réaction d'effroi subit et violent qui se produit lorsqu'un événement ou une situation nous cause une peur très forte reliée à notre survie. Nous avons tous été témoins, du moins à la télévision, de ces accidents qui se produisent dans des stades sportifs ou autres endroits où il y a rassemblement de foule et qui entraînent un sentiment généralisé de panique parmi les spectateurs. Nous assistons alors à des ruées complètement désordonnées vers les sorties, des bousculades, des piétinements, des hurlements. Les gens n'entendent plus rien et ne réfléchissent plus. La logique n'a pas sa place. Dans ces moments de panique collective, chacun tente de fuir une mort possible et, pour y parvenir, adopte des comportements qui sont, la plupart du temps, beaucoup plus dangereux que la menace initiale qui les pousse à s'éloigner.

Ainsi, l'affaissement d'un gradin pourrait, en lui-même, causer le décès de 20 personnes alors que la panique qui s'ensuit peut facilement en tuer des dizaines d'autres parce que tous les gestes faits alors par les spectateurs sont uniquement dictés par la peur, sans que la raison puisse intervenir.

La réaction du cerveau face au danger

Ce même état de panique peut se produire dans toutes les occasions qui mettent en jeu notre survie, par exemple lors d'une collision automobile. Si, dans un tel accident, les portières sont coincées et que de la fumée se dégage du véhicule dans lequel nous prenons place, notre instinct nous poussera à trouver un moyen pour nous en extraire le plus rapidement possible.

Dès qu'il perçoit le danger, notre cerveau envoie instantanément un ordre à nos glandes surrénales afin qu'elles génèrent un grand surplus d'adrénaline, ce qu'elles exécutent tout aussi promptement. Sitôt que cette adrénaline se répand dans l'organisme, notre pulsation cardiaque augmente fortement et notre respiration s'accélère. En quelques secondes, nos forces sont décuplées et nous sommes prêts à réagir physiquement. Si notre logique est disponible à ce moment, notre esprit peut, lui aussi, fonctionner à toute vitesse et trouver une solution autre que l'habituelle sortie par la portière. Si, par contre, notre capacité de réfléchir est obnubilée par la peur, nous n'y aurons pas accès. Nous aurons toute la force physique nécessaire pour frapper avec nos pieds et nos poings, mais cela ne sera peut-être pas suffisant pour nous sauver la vie. Notre désir d'avancer est alors bloqué par une très forte peur.

ILLUSTRATION 5.1 L'ÉNERGIE ET L'ACCÈS À LA LOGIQUE

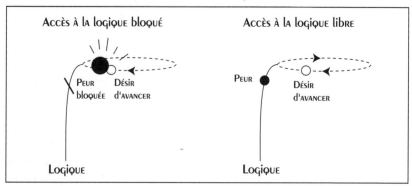

Nous venons de voir comment se conduit notre cerveau lors de deux situations où notre survie physique peut être menacée par un événement extérieur visible. Il peut alors nous donner accès à toutes nos capacités, tant intellectuelles que physiques, ou au contraire, si la peur est trop forte et qu'elle se transforme en panique, nous priver du potentiel logique, un élément essentiel à notre équilibre et à notre survie.

Le cerveau fonctionne de la même manière dans le domaine émotif. En effet, le choc ressenti lors d'une collision entre le désir d'avancer et une peur incite notre cerveau à croire que nous sommes en danger et il met alors en branle son processus de survie par l'injection d'un surplus d'adrénaline. L'accélération de notre rythme cardiorespiratoire pourra nous pousser à croire que nous allons réellement mourir, ce qui aura pour effet d'augmenter fortement l'effroi ressenti, donc l'état de panique.

Le processus de panique émotive

Pour mieux comprendre comment peut s'installer ce processus de panique intérieure face à un événement qui ne semble pas impliquer de réel danger pour notre survie, prenons l'exemple d'une personne qui a perdu son emploi de cadre supérieur et qui s'en cherche un depuis plusieurs mois. Au fil des semaines, elle a effectué de nombreuses démarches qui se sont avérées infructueuses et les réserves monétaires qu'elle avait constituées se sont épuisées, si bien qu'elle ne voit plus très bien comment elle pourra continuer à respecter ses obligations financières.

Cette personne commence à ressentir de la peur face à l'avenir, mais son esprit logique lui permet de trouver encore des solutions pour jongler avec son budget. Lorsqu'elle a perdu son emploi pour cause de restrictions budgétaires dans l'entreprise, elle s'est assurée auprès de son employeur que le congédiement n'avait rien à voir avec sa compétence et sa productivité, ce qui lui a été confirmé et l'a rassurée. Cependant, après des mois de recherches et des dizaines d'entrevues qui n'ont donné aucun résultat concret, des doutes se sont installés quant à sa compétence et l'intérêt éventuel qu'elle pourrait susciter chez un employeur. Sans en avoir pleinement conscience, cette personne commence à percevoir les refus comme des jugements de non-valeur à son égard. La peur semble augmenter de jour en jour et rend de plus en plus pénible sa faculté d'avancer, jusqu'au moment où elle devient incapable de prendre le téléphone pour demander une entrevue ou de faire parvenir un curriculum vitæ à un employeur éventuel. Il lui semble alors qu'un seul refus supplémentaire pourrait la détruire et la tuer affectivement en lui donnant la preuve qu'elle n'a pas de valeur et qu'elle ne mérite pas de vivre, d'être appréciée et d'être heureuse. Il lui est impossible de faire un pas de plus en avant.

Cette personne se retrouve confrontée à un grand vide, à un trou noir: elle est en état de panique. La surcharge émotive est trop forte et le *ground* logique est coupé. Il y a collision inconsciente entre deux éléments aux potentiels opposés, soit le désir positif d'avancer et la peur négative de ne plus avoir de valeur, ce qui provoque un choc et un court-circuit intérieur suivis d'une sensation que son cœur arrête de battre et de la panique.

ILLUSTRATION 5.2 LA RECHERCHE D'EMPLOI ET LA PANIQUE

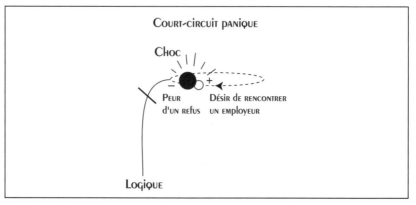

Ce type de court-circuit peut se produire dans toute situation qui implique une perte, qu'elle soit personnelle, sociale ou professionnelle. Ainsi, une rupture amoureuse ou familiale, un divorce ou le décès d'un proche peuvent créer de la panique s'ils nous amènent à nous interroger sur notre valeur et notre capacité d'assumer nous-mêmes notre vie et si nous ne parvenons pas à répondre adéquatement à ces questions avec notre logique.

Le trouble panique

Le trouble panique est un désordre psychologique produit par une peur très grande de ressentir des symptômes physiques de panique. On pourrait dire que ce désordre est constitué de panique face à une possible panique. C'est la raison pour laquelle on dit que le trouble panique repose sur la peur d'avoir peur.

Les premières attaques de panique se produisent souvent à l'extérieur de notre demeure, comme dans un véhicule privé ou de transport en commun ainsi que dans les centres commerciaux, alors qu'aucun danger apparent n'est visible. Lors d'une attaque de panique, notre rythme cardiaque augmente soudainement très fortement, donnant l'impression que notre cœur va sortir de notre poitrine, et notre respiration s'accélère tout aussi rapidement, amenant un surplus d'air au cerveau et provoquant ainsi des étourdissements et la peur de s'évanouir. Ces symptômes ressemblent beaucoup à ceux d'une crise cardiaque et la personne qui les ressent peut facilement croire qu'elle va mourir sur place, ce qui augmente d'autant plus son effroi. Bien sûr, elle ne meurt pas et lorsque les symptômes physiques s'apaisent, elle cherche à comprendre ce qui lui est arrivé et ne trouve aucune explication logique à son malaise, ce qui rend celui-ci d'autant plus menaçant. A-t-elle rêvé? Est-elle en train de devenir folle? Pourrait-elle mourir aussi facilement, juste comme cela, sans aucun avertissement?

Une première crise de panique devient souvent un ennemi à surveiller et à craindre, et peut développer en nous la hantise de voir réapparaître les symptômes. Lorsqu'une telle obsession s'installe, chaque petite augmentation de notre rythme cardiaque peut engendrer la panique, ce qui nous enferme à l'intérieur d'un cercle vicieux appelé trouble panique. Nous avons eu tellement peur que nous avons peur d'avoir à revivre cette peur.

ILLUSTRATION 5.3 LE CERCLE VICIEUX DU TROUBLE PANIQUE

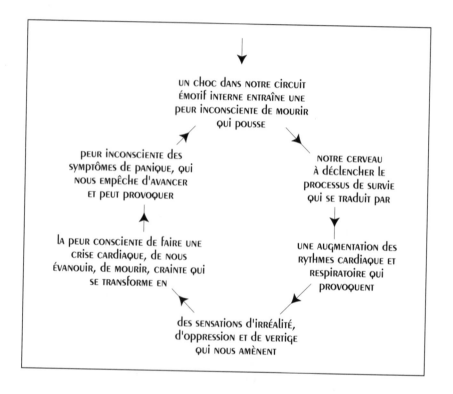

Le choc sous le trouble panique

Quelle peut être cette peur qui cause la collision interne? Pourquoi ce choc se produit-il le plus souvent à un moment où nous sommes à l'extérieur du domicile et que notre esprit n'est pas particulièrement occupé à une activité intellectuelle?

La peur qui bloque le passage

La peur qui provoque les collisions intérieures et les chocs qui s'ensuivent peut prendre différents visages et porte des noms tels que la peur de l'avenir, du rejet, de l'abandon, de la solitude, de l'erreur et de l'échec. Ces peurs ont toutes en commun l'insécurité relative à notre valeur et à notre capacité d'assumer nous-mêmes notre vie. Si nous en prenons conscience, notre esprit logique peut nous rassurer en nous permettant de raisonner et de réaliser que nous avons tout le potentiel nécessaire pour assumer seuls notre vie et qu'ainsi il serait désagréable, sans être catastrophique ni mortel, d'être rejeté ou abandonné. Le *ground* logique permet donc d'éliminer les surplus émotifs qui nous poussent à dramatiser nos scénarios de vie.

Dans le trouble panique, ces peurs sont bien présentes mais elles demeurent à un niveau inconscient, si bien que la logique n'y a pas accès. Si nous croyons que nous avons absolument besoin des autres pour nous aider à vivre notre vie, la perspective d'être rejetés ou abandonnés nous apparaît dramatique, presque mortelle. Elle prend toute la place et, peu importe notre désir d'avancer, elle bloque la route.

L'endroit où se produit la crise

Lorsque notre esprit n'est pas sollicité par une tâche particulière, il a la capacité de vagabonder librement, et lorsqu'il le fait, il peut se déplacer tant dans le passé que dans le présent et le futur, d'un endroit à un autre, sans que nous lui apportions de commande particulière à cet effet. Nous pouvons percevoir ces pensées qui se promènent ainsi, mais il arrive aussi que nous n'en prenions pas conscience parce que nous avons la capacité d'effectuer plusieurs activités simultanément. Par exemple, une partie de notre cerveau regarde les passagers dans un autobus, alors que la seconde pense à tout autre chose; dans le langage populaire, on définit cette situation par l'expression «être dans la lune».

Lorsque se produit une attaque de panique, notre esprit conscient peut être occupé à une quelconque activité (regarder d'autres passagers dans un véhicule de transport en commun, les vitrines dans un centre commercial, ou la route si nous prenons place dans une automobile) et, pendant ce temps, une autre partie de notre esprit vagabonde ailleurs. Notre attention est suffisamment accaparée par notre activité consciente pour ne pas réaliser les pensées secondaires qui, de leur côté, envahissent notre esprit et qui sont reliées d'une manière ou d'une autre à l'activité que nous effectuons.

Lorsque nous sommes dans un véhicule ou que nous déambulons dans un centre commercial, endroits de prédilection pour une attaque de panique, nous sommes en marche, nous avançons. Quelle est notre destination? Qu'allons-nous faire à cet endroit? Avons-nous vraiment le goût de nous y rendre? Si c'est une tâche qui nous attend, avons-nous la force et la capacité de l'effectuer? Si nous nous promenons pour «tuer le temps», sommes-nous fatigués de n'avoir rien à faire? Avons-nous l'impression d'être face à un vide? Se peut-il qu'à l'instant où se prépare une attaque de panique, nous ayons inconsciemment envie d'être ailleurs, de cesser d'avancer dans la direction fixée parce qu'une peur intense se profile à l'horizon, une peur de l'échec, de l'erreur, du vide, de la solitude ou de l'avenir qui se dresse en obstacle, devant nous, à ce moment précis?

Un obstacle inconscient est invisible et, de ce fait, difficile à éviter. Nous continuons d'effectuer notre activité consciente et, sans que nous nous en rendions compte, une violente collision se produit à l'intérieur de nous.

Parfois, nous ressentons le choc produit, comme si notre cœur cessait de battre et d'autres fois, nous ne le percevons pas, mais notre cerveau, lui, l'a enregistré et perçu comme un signal de danger. Pendant que nous sommes occupés à regarder quelque chose ou à déambuler calmement, il envoie un ordre à nos glandes surrénales de produire une surdose d'adrénaline qu'elles expédient dans notre système et qui provoque une forte accélération des rythmes cardiaque et respiratoire, symptômes que nous percevons très clairement. Que nous arrive-t-il? Pourquoi notre cœur semble-t-il s'affoler? Pour quelle raison ressentons-nous soudain une impression d'irréalité, comme si nous allions nous évanouir? Sommes-nous en train de mourir?

Le seul élément dont nous ayons été réellement conscients, au cours de ce processus, est celui des symptômes et comme nous ne comprenons absolument pas ce qui a pu les provoquer et que nous nous croyons alors confrontés à la mort, ils peuvent créer un fort sentiment de panique. Lorsque l'adrénaline se résorbe et que notre cœur et notre respiration reprennent un rythme normal, nous demeurons effrayés par la crise qui vient de survenir et nous pouvons développer une méfiance face à sa possible réapparition, nous propulsant alors dans le cercle vicieux du trouble panique, c'est-à-dire la peur de la panique.

Ces attaques se déclenchent plus rarement à l'intérieur de notre domicile, où nous exécutons habituellement des tâches plus routinières qui ne nous demandent pas de faire des pas en avant. C'est la raison pour laquelle une personne souffrant de trouble panique se sentira plus en sécurité dans sa propre maison et pourra même en venir à ne plus vouloir en sortir, développant ainsi de l'agoraphobie, un désordre qui se définit comme étant la peur des grands espaces.

Chapitre 6
Les phobies

La phobie est une peur irraisonnée qui vise un élément donné et qui provoque en nous un sentiment de panique intense lorsque nous sommes y confrontés. Les phobies les plus courantes touchent les ascenseurs, les avions, les automobiles, les ponts, certains animaux, les espaces clos (claustrophobie), les grands espaces (agoraphobie) ainsi que les relations avec les autres (phobie sociale). La plupart du temps, nous n'avons pas la moindre idée de ce qui a pu déclencher ces phobies, mais elles sont fortement présentes et semblent incontrôlables. La logique n'a aucune place dans le processus de phobie car étant une peur irraisonnée, c'est-à-dire que la raison ne contrôle pas, les tentatives répétées visant à dédramatiser logiquement un possible danger n'ont que peu d'effet. Les sources des phobies ont très peu à voir avec les objets qu'elles visent, car ceux-ci ne sont, en réalité, que des substituts à des peurs beaucoup plus profondes.

La phobie de l'ascenseur

Pour mieux comprendre comment peut se déclencher une phobie, imaginons, par exemple, que nous rendons visite à un proche parent qui se trouve à l'hôpital et que nous devons prendre un ascenseur pour nous rendre à sa chambre qui se situe au sixième étage de l'édifice, ce qui, de prime abord, ne présente aucune difficulté. Nous entrons dans l'ascenseur avec plusieurs autres personnes. Notre esprit conscient est occupé à regarder les gens et les plaques qui indiquent les

étages. Pendant ce temps, notre cerveau inconscient vagabonde et se fait un scénario de ce qui l'attend peut-être au
sixième étage. Le parent à qui nous rendons visite est malade,
très malade. Allons-nous le retrouver décharné, diminué?
Allons-nous savoir quoi lui dire? Se pourrait-il qu'il meure?
Nous sentons-nous la capacité réelle d'assumer cette visite?
Avons-nous vraiment envie de le voir? Sans que nous nous
en rendions compte, la peur s'est installée en travers de notre
route et nous bloque le passage. Nous ne trouvons pas les
réponses à l'intérieur, comme s'il y avait soudain un vide en
nous. Nous continuons d'avancer, et c'est la collision inconsciente, le choc, la sensation du cœur qui cesse de battre,
le vertige, le court-circuit. Tout ce processus de questionnement
inconscient ne dure que quelques secondes, mais il s'avère
très puissant. Comme notre cerveau est toujours à l'affût de
la moindre alerte, il met aussitôt en branle le système de
survie. Notre cœur se met à battre la chamade, nous faisant
craindre la mort et nous poussant, de ce fait, à la panique.
Celle-ci nous donne envie de fuir sur-le-champ, ce qui s'avère
impossible tant que l'ascenseur se trouve entre deux étages,
d'où une possible sensation d'être emprisonné.

Comme il semble n'exister aucune cause logique au malaise ressenti, il devient très facile de croire que le sentiment
de panique a été provoqué par le fait de nous retrouver dans
cet ascenseur et, parce que nous n'avons plus envie de vivre
une pareille sensation, nous pouvons développer une peur
irraisonnée face à n'importe quel ascenseur. Et pourtant, il
a si peu à voir avec notre malaise. Ce n'est pas le vide situé
sous l'ascenseur que nous craignons mais plutôt celui que
nous ressentons à l'intérieur de nous et qui est engendré par
une incertitude quant à notre valeur et notre capacité d'assumer notre vie et les activités qu'elle implique. Tout argu-
ment logique relatif à la sécurité dans les ascenseurs aura
ainsi très peu de prise sur la phobie, car il ne s'attaquera pas
à la source du problème.

La phobie de l'avion

Cet exemple de phobie de l'ascenseur se transpose très facilement sur celle de l'avion. Où allons-nous? Qu'allons-nous y faire? Avons-nous vraiment envie d'y aller? Avons-nous profondément envie d'aller dans la direction où nous emmène l'avion? Nous sentons-nous aptes à affronter la situation qui nous attend au bout du voyage? Comme dans l'exemple de l'ascenseur, si une peur inconsciente du vide intérieur provoque une collision, accompagnée du malaise et de la panique qui s'ensuivent, nous pourrons croire que l'avion nous a causé cette impression de mourir et le sentiment d'être emprisonnés. Encore là, l'avion aura très peu à voir dans le processus, sinon qu'il est un moyen pour nous rendre là où nous ne désirons peut-être pas vraiment aller et qu'il évolue au-dessus du vide. C'est la raison pour laquelle toute tentative de dédramatisation et de désensibilisation face à l'avion risque, elle aussi, d'être très peu efficace, le problème étant ailleurs.

La phobie des ponts

Certaines personnes développent un sentiment de panique dès qu'elles ont à traverser un pont et, souvent, à la simple pensée qu'elles pourraient avoir à le faire. Comme c'est le cas dans toutes les phobies, la peur irraisonnée reliée aux ponts a très peu à voir avec l'objet visé. Un pont a comme objectif de nous permettre de passer au-dessus d'un espace vide, et c'est ce concept de vacuité qui peut le rendre si menaçant. La personne phobique n'a pas vraiment peur de tomber dans le vide qui se situe sous le pont, mais cette vision la met inconsciemment en contact avec une sensation de vide qui l'habite et c'est à l'intérieur de ce dernier qu'elle a réellement peur de basculer. Cette sensation de vide intérieur est la traduction d'un manque d'estime de soi, donc d'une peur inconsciente quant à notre capacité de nous assumer seuls et à notre mérite de la vie, du bonheur et de l'amour.

La vraie peur sous les phobies reliées au vide

Le seul moyen efficace et rapide pour contrer la phobie des ascenseurs, des avions et des ponts est un travail qui vise à confronter les peurs relatives à notre valeur et à notre capacité d'assumer notre vie, ce qui permet de faire disparaître la sensation de vide intérieur qui nous habite. Dès que ce ménage est effectué, nous pouvons recommencer à percevoir les ascenseurs, les avions et les ponts pour ce qu'ils sont vraiment, c'est-à-dire non plus comme des outils de mort potentielle, mais plutôt comme des structures qui existent pour nous faciliter le passage d'un lieu à un autre.

La phobie des animaux

La phobie relative à un animal est fort répandue et vise le plus souvent les chiens, les chats, les rongeurs, les reptiles et certains types d'insectes. On peut voir que les animaux habituellement visés par les phobies ont tous en commun d'avoir la capacité de nous blesser, et c'est là ce que nous voulons éviter à tout prix. Ainsi, une personne qui a développé une phobie de la race canine craindra tous les chiens, sans distinction de leur caractère, de leur race et de leur grosseur. Un caniche nain de 20 centimètres lui apparaît aussi menaçant qu'un doberman qui en mesure 80, simplement parce que tous deux peuvent mordre et faire mal.

Cette phobie vient directement de la peur de souffrir, mais elle a peu à voir avec la douleur physique. Elle vise à nous protéger de la sensation de souffrance morale reliée à certains événements passés qui ont pu laisser des cicatrices douloureuses créées par la peur, la peine et un sentiment d'impuissance. Cette souffrance intérieure a peut-être été si difficile à tolérer que, sans même nous en rendre compte, nous cherchons désormais à éviter toute douleur, peu importe sa provenance: une morsure fait mal, c'est tout, qu'elle soit morale ou physique, petite, moyenne ou grande.

La peur inconsciente de souffrir bloque l'accès à la logique qui pourrait nous faire réaliser qu'il n'y a aucun lien entre les deux types de souffrance. Pour que notre esprit rationnel puisse à nouveau jouer son rôle, et faire ainsi disparaître la phobie, il est primordial de prendre conscience de la présence de cette peur irraisonnée de la souffrance et de nous en défaire en libérant les peines, les peurs et le sentiment d'impuissance liés aux souffrances passées.

La claustrophobie

La claustrophobie est une peur morbide des lieux clos, particulièrement ceux qui sont petits et offrent peu d'espace pour se déplacer. Une personne claustrophobe aura peur d'être prisonnière dans un tel endroit, d'être prise au piège: «S'il fallait que la porte se referme et que je sois incapable de sortir»; «S'il fallait que l'ascenseur s'immobilise entre deux étages et que je demeure prisonnière». Elle se crée des scénarios dramatiques qui ont très peu à voir avec la réalité mais qui provoquent en elle de la panique.

Bien sûr, comme dans toute phobie, l'objet a peu à voir avec la peur inconsciente réelle qui sous-tend les évitements. Cette crainte d'être prisonnier, d'être immobilisé est un rappel inconscient d'un moment où la personne a ressenti un fort sentiment d'impuissance face à un événement ou à une situation de sa vie courante. Qu'on pense, par exemple, au moment où une personne apprend le décès soudain d'un proche et qu'elle se sent submergée par une peur et une peine immenses sur lesquelles elle n'a aucun pouvoir. Il en va de même pour la personne qui se sent prise entre deux parents lors d'un divorce pénible, celle qui vit une situation d'abus dont elle ne peut voir la fin ou toute autre situation devant laquelle une personne se sent totalement impuissante et prisonnière de ce qui lui arrive. Par la suite, si elle a conservé en elle les réminiscences de ces émotions difficiles, elle peut développer une peur irraisonnée de tous ces endroits où elle craint de pouvoir ressentir à nouveau ce sentiment d'impuissance et d'emprisonnement.

Pour parvenir à des résultats rapides et concrets, la libération de la claustrophobie passe nécessairement par une prise de conscience du sentiment d'impuissance qui habite la personne souffrante et par la confrontation des peines et des peurs qui l'accompagnent.

L'agoraphobie

L'agoraphobie est une peur irraisonnée de se retrouver dans les grands espaces publics. Elle relève directement d'un fort sentiment d'insécurité émotive provoqué par une situation où il y a rassemblement de nombreuses personnes, comme c'est le cas dans un centre commercial, un aréna, un stade ou une rue passante. La pensée inconsciente qui sous-tend cette phobie est: «S'il fallait qu'il m'arrive un malaise devant tous ces gens, comment pourrais-je m'en sortir sans que tous s'en aperçoivent?» Les malaises que l'on craint de ressentir en public sont ceux du trouble panique et de la phobie sociale, désordres auxquels est habituellement associée l'agoraphobie. «S'il fallait que j'étouffe, que j'aie des vertiges, que je m'évanouisse, que je rougisse jusqu'à la racine des cheveux ou que j'aie envie de vomir, comment pourrais-je m'en sortir?» Ce type de pensée est alimenté par la peur du jugement d'autrui et, comme dans toutes les autres formes de panique, elle découle de l'incertitude que nous ressentons quant à notre valeur profonde. C'est donc sur cette dernière qu'il faut mettre l'accent, car un travail dans toute autre direction nous éloigne de la source du problème.

La phobie sociale

La phobie sociale est une peur irraisonnée du regard et du jugement des autres qui peut handicaper fortement toutes relations sociales et professionnelles avec autrui. Lorsqu'une collision se produit entre le désir d'entrer en contact avec l'autre et la peur de son jugement, il s'installe un sentiment de panique provoqué par une pensée inconsciente qui dit approximativement: «S'il fallait qu'il me trouve trop... ou pas assez..., ce serait trop épouvantable, j'en mourrais.» Évidemment, devant un tel danger pressenti, notre cerveau met en branle son processus de survie, et la personne phobique ressent tous les symptômes de la panique auxquels peuvent s'ajouter, entre autres, des rougissements, des nausées ainsi qu'une sensation de mollesse dans les jambes.

Si nous avons peur que les autres nous jugent négativement, c'est que nous ne sommes pas assurés de notre propre valeur et de notre mérite à la vie, au bonheur et à l'amour. Nous nous posons des questions à ce sujet et nous avons très peur d'entendre une confirmation de non-valeur dans le regard ou les paroles des autres. La guérison de la phobie sociale passe obligatoirement par un travail qui touche la prise de conscience de notre valeur profonde. En effet, lorsque nous sommes conscients de notre valeur, un jugement négatif peut s'avérer désagréable, mais il ne met aucunement en jeu notre survie affective.

Chapitre 7

Les pannes majeures

Dans notre système émotif, les courts-circuits relèvent d'une collision entre un élément positif constitué par le désir d'avancer et un élément négatif défini par la peur de continuer. Lorsqu'ils déclenchent la panique et les phobies, ces courts-circuits peuvent provoquer un ralentissement dans notre cheminement de vie ou une recherche de différentes voies d'évitement pour contourner l'obstacle que constitue la peur. Cependant, ces deux réactions n'engendrent pas en elles-mêmes de pannes majeures de fonctionnement même si, à la longue, elles peuvent nous diriger vers celles-ci.

Revenons quelques instants à la comparaison de notre système émotif avec un système d'énergie électrique. Les réactions induites par la panique et les phobies ressemblent à ces arrêts subits de courant électrique qui ne durent qu'une ou deux secondes et qui font clignoter les ampoules sans les éteindre pour autant. D'un autre côté, une panne totale de courant électrique implique que l'énergie ne se rend plus aux appareils qui la requièrent, privant ceux-ci de leur capacité de fonctionner. Dans notre système d'énergie émotive, cette panne totale se traduit principalement par la dépression et le *burnout*, deux désordres majeurs qui se traduisent par un arrêt de fonctionnement sur les plans affectif, moral, social, professionnel et familial, donc par une incapacité à continuer d'avancer dans la vie.

La dépression

La dépression est un désordre psychologique qui se traduit par un profond découragement, accompagné d'une grande tristesse ainsi que d'une fatigue physique, émotive et mentale. Elle entraîne une panne dans le fonctionnement global de la personne qui en est atteinte. Les symptômes les plus communs de la dépression sont la tristesse continue, le manque d'énergie, la difficulté à se concentrer, à se souvenir, à prendre des décisions, les sentiments de désespoir, de culpabilité, de mésestime de soi, des changements dans les habitudes de sommeil et de nourriture, la perte d'intérêt face à la vie ainsi que des idées suicidaires.

La personne qui souffre de dépression n'éprouve plus de plaisir face à la vie, car elle ne voit plus de sens à cette dernière qui lui apparaît très lourde à porter. Dans les situations de panique et de phobies, nous faisons face à un questionnement sur notre valeur et notre capacité à assumer notre vie qui provoque des sensations de trous noirs que nous cherchons par la suite à éviter. Dans la dépression, le questionnement a disparu pour laisser place à la certitude que nous ne valons rien et que nous sommes incapables d'assumer notre vie, ce qui nous place à l'intérieur du vide, du trou noir.

ILLUSTRATION 7.1 DÉPRESSION ET CERTITUDE DE NON-VALEUR

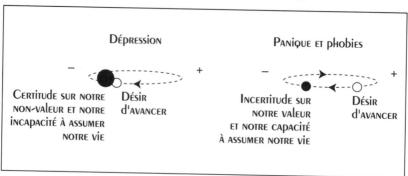

Lors d'une période dépressive, la personne en souffrance est submergée par une tristesse immense. Elle perd ses points de repère habituels et la logique n'a aucune prise sur ses pensées. Sa perception d'elle-même et du monde extérieur souffre d'une forte distorsion et les idées irrationnelles abondent. Elle se sent continuellement en panne d'énergie. Elle est persuadée qu'elle déçoit, déplaît et dérange, qu'elle est devenue incapable de réussir et, surtout, que les autres la jugent comme incompétente et inapte. En fait, à ce stade, elle est habituellement le juge le plus sévère qui soit à son propre endroit. Elle déteste ce qu'elle est devenue, se rejette globalement et ne s'accorde plus le droit au bonheur, à l'amour et à la vie. Elle est en panne, prisonnière d'un tunnel où il fait très noir.

Comme nous l'avons vu précédemment, l'énergie ne peut être produite que si elle circule à travers un pôle positif et un pôle négatif. La joie nous pousse vers l'avant, alors que la peine et la peur stabilisent notre avancée. Il est donc normal que dans la dépression, nous soyons incapables de produire de l'énergie puisque le pôle positif nous devient inaccessible et nous prive ainsi du désir d'avancer.

Le burnout

Le terme «burnout» est un mot de la langue anglaise utilisé pour désigner un épuisement professionnel. Le trou noir auquel le burnout nous confronte est identique à celui de la dépression. Les symptômes sont très semblables sauf que dans ce cas, il nous permet d'identifier un soi-disant coupable à notre panne de fonctionnement: un surplus de pression émotive occasionné par le travail. Comme dans la dépression, la personne souffrant de burnout ressent une grande fatigue physique, émotive et mentale, un manque d'énergie, une difficulté à se concentrer, à se souvenir et à prendre des décisions, des sentiments de désespoir, de culpabilité, de mésestime de soi, ainsi que des changements dans les habitudes de sommeil et de nourriture. Le tout peut aussi être accompagné d'une perte d'intérêt à la vie et d'idées suicidaires.

Que ce soit lors d'une dépression ou d'un *burnout*, la source directe du déclenchement de la panne est la fausse croyance que nous n'avons pas de valeur et que nous sommes incapables d'assumer notre vie, peu importe que ce soit le travail, une enfance difficile, une maladie physique ou tout autre élément qui a pu nous aider à développer cette croyance.

Illustration 7.2 Le burnout

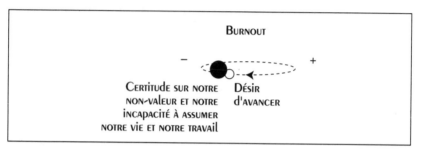

Lorsque cette fausse croyance se trouve à la base du *burnout*, elle trouve sa source inconsciente dans une sorte d'obligation de performance face à la tâche à accomplir. Il est rare de rencontrer ce désordre lorsque l'activité impliquée est manuelle et routinière, par exemple en usine. Il se manifeste plus particulièrement chez les personnes qui occupent des tâches sociales impliquant une prise en charge de personnes en difficulté, comme c'est le cas dans le monde médical et dans celui des services sociaux, deux domaines où un sentiment d'impuissance peut facilement s'installer. Si l'intervenant exige de lui-même la capacité de «sauver» chacun des clients qu'il rencontre, il aura, jour après jour, la preuve qu'il ne peut y arriver, ce qui peut l'amener à ressentir un sentiment d'incompétence de plus en plus fort et, donc, une surcharge au niveau du pôle négatif de son système émotif suivie d'un découragement potentiel.

Le nettoyage des pôles

Que la fausse croyance relative à notre non-valeur et à notre incapacité d'assumer notre vie se soit développée à la suite d'une enfance difficile, d'une situation de rejet, d'un deuil ou d'une surcharge émotive reliée au travail, elle contient de nombreuses peines et peurs inconscientes. Nous pouvons nettoyer le pôle engorgé de notre système émotif en délogeant ces peines et ces peurs et en coupant les cordons toxiques qui nous maintiennent attachés à elles.

Troisième partie
Les canaux de dérivation

Chapitre 8

Le canal de la logique

Les courts-circuits émotifs se produisent lorsque notre désir d'avancer se heurte à des peurs inconscientes qui nous bloquent le passage. Dans la partie qui traite de notre système émotif, nous avons vu qu'il existe différents canaux de dérivation permettant de procéder à l'évacuation des surcharges émotives créées par ces peurs inconscientes et d'éviter ainsi les courts-circuits. Le canal privilégié pour l'élimination des peurs est celui de la logique, car il permet de se défaire rapidement des surplus de pression occasionnés par les émotions fortes, nous laissant la possibilité de composer sainement avec celles-ci.

ILLUSTRATION 8.1 ACCÈS AU CANAL DE LA LOGIQUE

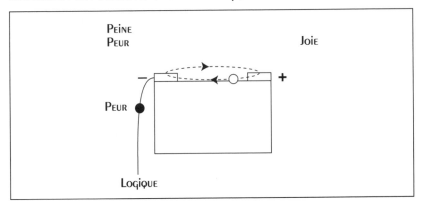

Cependant, pour que notre esprit rationnel puisse entrer en jeu et effectuer son travail de dérivation, il faut que les peurs remontent au niveau de la conscience car la logique n'a aucune prise directe sur notre inconscient, que ce soit au niveau des émotions ou des pensées. Il faut donc que nous puissions prendre conscience de ces dernières pour avoir la possibilité de composer rationnellement avec elles.

Le travail de la logique

Pour bien comprendre le travail que le *ground* logique est à même d'effectuer dans notre système émotif, voyons l'exemple d'une personne qui doit assumer le deuil de sa mère. Imaginons que cette personne est une femme dans la trentaine qui avait pour habitude de parler avec sa mère au moins deux fois par semaine, soit au téléphone, soit lors de visites. Elle a beaucoup de difficulté à accepter le départ de celle-ci et trouve injuste que sa mère soit décédée alors qu'elle n'avait pas encore soixante ans, venait tout juste de prendre sa retraite et avait enfin la possibilité de voyager et de profiter de la vie. Elle ressent une grande tristesse et une profonde révolte, et les exprime ouvertement. Ces pensées se situent au niveau conscient, mais son esprit logique a peu d'arguments pour diminuer la peine et la frustration, car la mort est un état de fait que nous sommes impuissants à changer.

Essayons maintenant de regarder un peu plus profondément et de déterminer quelles sont les émotions inconscientes qui peuvent l'habiter à ce moment. Est-ce sa mère qui est trop jeune pour mourir ou ne serait-ce pas plutôt elle qui est trop jeune pour perdre sa mère? Est-il injuste que sa mère soit décédée ou n'est-ce pas plutôt trop difficile d'accepter que la vie doive se terminer un jour?

Inconsciemment, la jeune femme est confrontée à la peur de la solitude et à celle de sa propre mort. Ses pensées réelles sont:

- «Elle a toujours été là pour me conseiller et me guider. Comment vais-je faire sans elle? Aurai-je les capacités pour assumer ma vie et faire les bons choix?»

- «Ainsi donc, la vie a une fin. Je n'ai pas l'éternité devant moi pour réaliser ce qui me tient à cœur. Cela veut-il dire que je peux mourir, moi aussi, demain matin?»

Fondamentalement, elle a peur de n'être pas suffisamment forte et compétente pour assumer seule sa vie et d'être privée de temps. Si elle prend conscience des vraies questions qui provoquent sa difficulté à assumer son deuil, son esprit logique peut effectuer son travail et apporter des réponses satisfaisantes à celles-ci, ce qui, automatiquement, élimine la surcharge causée par ses peurs profondes.

- «Je suis grande maintenant et évidemment, je n'ai pas toujours demandé conseil à ma mère. J'ai pris de nombreuses décisions seule. J'assume ma vie avec mon conjoint et mes enfants. J'ai fait des erreurs et j'en ferai sûrement encore, mais cela fait partie de la vie. Dans le fond, ce ne sont pas vraiment ses conseils et son appui qui vont me manquer, mais plutôt la chaleur et l'amour qu'elle me transmettait chaque fois que je lui parlais.»
- «La mort survient un jour ou l'autre pour chaque personne. Il est vrai que je pourrais mourir demain sans avoir réalisé les objectifs qui me tiennent à cœur. Et si je commençais à établir mes priorités et décidais ce qui est vraiment important pour moi et que peu importe le temps qu'il me reste, je m'y consacrais dorénavant?»

Lorsque de telles peurs inconscientes montent au niveau de la conscience, notre esprit logique nous permet de trouver un sens même aux événements qui nous semblent les plus dramatiques. Ceux-ci deviennent même des éléments qui nous permettent d'effectuer de grands pas en avant dans notre cheminement de vie. Dans un cas comme celui-ci, l'utilisation de la logique ne fait pas disparaître la tristesse du jour au lendemain, car la personne doit s'habituer à vivre sans les démonstrations concrètes d'amour qu'elle recevait de sa mère. Cependant, en prenant conscience de l'importance que celles-ci avaient pour elle, elle se donne la possibilité d'y avoir accès en tout temps sous la forme de souvenirs.

Le canal de dérivation qu'est la logique a ainsi rempli sa tâche. Il a éliminé la surcharge occasionnée par les peurs profondes qui habitaient cette femme. Nous n'avons souvent aucun pouvoir sur les événements extérieurs, mais nous en avons toujours sur les peurs que ceux-ci provoquent en nous. Et ce pouvoir passe toujours par la prise de conscience de ces peurs et par l'accès subséquent à notre esprit rationnel.

La logique mal utilisée

Il est essentiel d'avoir accès à ce canal de dérivation qu'est la logique mais s'il est utilisé à mauvais escient, celui-ci peut aussi devenir notre ennemi et contribuer à bloquer encore plus les surcharges émotives. C'est le cas de la rationalisation – un mécanisme de défense – qui consiste à ramener toute sensation au niveau de la logique, de l'explication rationnelle. Dans une telle situation, nous tentons d'éliminer non seulement le surplus émotif, mais aussi les émotions elles-mêmes. Reprenons l'exemple de la personne qui vient de perdre sa mère et voyons comment une mauvaise utilisation de la logique pourrait survenir dans un tel cas. Imaginons que la mère est décédée à la suite d'un cancer qui l'a emportée en moins de trois mois. Les phrases-clefs qu'utilise sa fille quand on lui demande si ce n'est pas trop difficile sont:

- «Non, ce n'est pas si difficile. Je n'ai qu'à penser aux douleurs qu'elle ressentait et je suis heureuse qu'elle n'ait pas souffert trop longtemps.»
- «Non. Que voulez-vous, il faut tous passer par là! Cela fait partie de la vie.»
- «Non, parce que je sais à quel point elle aimait la vie et elle n'aurait jamais accepté de se sentir diminuée, de se voir dépérir à petit feu. C'est bien qu'elle soit partie si rapidement.»

Toutes ces explications sont bonnes et raisonnables, mais elles ne tiennent aucun compte de la réalité émotive de la personne. Elles lui permettent simplement de demeurer dans sa tête et de masquer les émotions de peine et de peur qui l'habitent et qui, malheureusement, demeurent sur place et s'agglutinent autour du pôle négatif de son système émotif, bloquant ainsi la production et la circulation d'énergie.

ILLUSTRATION 8.2 RATIONALISATION ET blocaGES

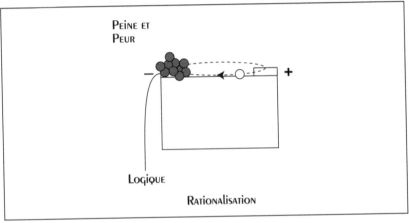

La rationalisation est un mécanisme inconscient que nous mettons en place pour diminuer la souffrance pressentie, mais elle peut causer de grands dommages à long et moyen terme. En effet, comme le questionnement sur sa capacité de s'assumer et sa peur de la mort demeurent bloqués chez la personne en deuil, il y a danger qu'ils provoquent ultérieurement des collisions avec son désir d'avancer et qu'ils soient ainsi à l'origine de certains désordres anxieux tels que la panique, les phobies ou la dépression.

Chapitre 9
Le canal du ressentiment

Le ressentiment est le souvenir que nous conservons d'une offense ou d'une injure passée et qui s'accompagne encore aujourd'hui d'un désir de vengeance. La majorité des personnes qui souffrent de désordres reliés à l'anxiété éprouvent du ressentiment. Elles vivent avec cette sensation d'être incapables de pardonner à quelqu'un une souffrance physique ou morale qui leur a jadis été infligée alors que le désir de vengeance qui l'accompagne semble leur apporter un soulagement. C'est évidemment là une fausse impression puisque, au contraire, le plus grand rôle du ressentiment est de miner nos forces vitales et de nous empêcher d'avancer dans la vie.

Nous avons possiblement accepté facilement d'être habités par le ressentiment, mais cette approbation risque de disparaître si nous prenons le temps de bien comprendre ce qu'est réellement celui-ci. D'abord, sachons que les principaux synonymes du mot «ressentiment» sont aigreur, amertume, animosité, haine, hostilité, malveillance et rancune. Ouf! Sommes-nous vraiment prêts à continuer d'accepter que nous puissions posséder en nous ces éléments corrosifs que sont la guerre, le désir de nuire et de faire du mal (méchanceté), l'âcreté, les saveurs amères? Ou, au contraire, ne souhaiterions-nous pas plutôt être capables de pardon, d'oubli et de détachement face à ces boulets que nous traînons derrière nous et qui nous entravent?

Pour parvenir à faire un choix éclairé face au ressentiment, nous allons démystifier celui-ci en comprenant quel est le rôle réel qu'il joue dans notre vie, pourquoi nous avons parfois tendance à nous y attacher comme à une bouée de sauvetage et comment nous pouvons faire le choix de nous débarrasser de ce canal toxique.

La provenance du mot

Se ressentir de...

La locution «se ressentir de» signifie «sentir quelque reste d'un mal qu'on a eu» comme dans la phrase: «Je me ressens encore des suites de mon accident.» On parle ici de douleur, de difficulté à se mouvoir, de rhumatismes ou de difficultés financières, en fait de conséquences néfastes qui suivent parfois un événement fâcheux. Habituellement, nous chercherons à diminuer l'impact de ces conséquences et, lorsque cela est possible, à les faire disparaître.

Le ressentiment émotif suit le même raisonnement. «Je me ressens encore des suites de cet événement ou de cette situation difficile que j'ai vécu.» On parle ici de douleur morale, de difficulté à avancer dans la vie, à agir, à s'ouvrir aux autres, etc. Nous sommes alors confrontés aux conséquences d'un événement fâcheux dont nous ne sommes habituellement pas conscients, car elles sont camouflées par le ressentiment et le désir de vengeance.

Le rôle du ressentiment

Combien de fois n'avons-nous pas entendu une personne compulsive ou dépressive parler de ce qui, dans sa vie, lui avait causé tant de préjudice qu'elle en voulait encore 10, 20 ou 40 ans plus tard aux gens qui l'avaient humiliée, maltraitée, insuffisamment aimée ou rejetée? Dans tous les cas de dépression, de compulsion ou d'autodestruction, le ressentiment est le premier ennemi à combattre parce qu'il nous empêche d'avancer et qu'il justifie l'inaction. Lorsque nous tombons dans le précipice du ressentiment, nous nous débattons contre des fantômes et lorsque nous ressortons du précipice, nous sommes exactement au même endroit. Nous n'avons pas avancé d'un pas.

Après une crise de ressentiment, nous pouvons éprouver l'impression d'un réel soulagement. Faux! L'origine de l'apaisement a très peu à voir avec le fait de s'être défoulé d'une offense passée et d'avoir rêvé à la meilleure manière de nous venger. La vérité repose plutôt sur le fait que, avec le ressentiment, nous avons évité d'avoir à avancer sur notre route de vie. Nous avons eu une soi-disant bonne raison de stagner, de rester sur place, de ne pas bouger. Voilà pourquoi le ressentiment apporte du soulagement. Il justifie notre peur d'avancer dans la vie sans que nous ayons besoin d'en prendre conscience.

«Si je n'ai pas pu effectuer telle ou telle tâche, c'est la faute de cette personne qui m'a fait telle ou telle chose et pas de la mienne.»

Ainsi, nous n'avons pas à prendre la responsabilité de notre inaction et à nous en sentir coupables, puisqu'elle est la faute de quelqu'un d'autre. Mais le prix à payer pour le ressentiment est très élevé:

- «J'ai l'impression d'être bloqué, de ne pas pouvoir faire ce que je voudrais, d'être incapable d'aller là où je voudrais, de foncer dans la vie.»
- «J'utilise des comportements compulsifs, ou j'ai toujours envie d'en utiliser, ou je prends des médicaments, ou je me sens déprimé, ou je panique, ou je me retire socialement parce qu'il est difficile de me sentir toujours bloqué.»

Le ressentiment peut être utile pendant une très courte période pour permettre de faire dévier certains surplus émotifs et éviter les surcharges. Par contre, si nous le conservons comme mode de dérivation privilégié, il se transforme en piège et emprisonne notre énergie.

La blessure derrière le ressentiment

Le ressentiment cache toujours des peines et des peurs anciennes reliées à une blessure qui touche notre estime de soi et qui a affaibli notre confiance en nous, en les autres et en la vie. Cette blessure découle d'une parole ou d'une action qui nous a blessés dans notre dignité, qui a remis en question notre mérite d'être traité avec respect, avec égard.

Lorsque nous sommes profondément convaincus que nous sommes dignes et, donc, que nous méritons le respect, nous ne nous laissons pas détruire par une parole blessante. Cela peut nous faire de la peine et nous attrister, mais cette

Tableau 9.1 La blessure émotive et l'estime de soi

	Si nous avons l'estime de soi...	Si nous n'avons pas l'estime de soi...
Si nous subissons une offense	Peine	Peine et peur
Notre réaction à l'offense	Tristesse	Tristesse et colère
Pensée immédiate	«C'est dommage qu'il pense cela de moi. Cela me blesse.»	«C'est dégueulasse. Il n'a pas le droit de me traiter ainsi.»
Pensée inconsciente	«Il a le droit de penser cela, mais moi, je sais que cela n'est pas vrai. Il doit être en souffrance pour dire de telles choses.»	«Il a dit ou fait cela parce qu'il ne m'aime pas. Pourquoi? Il pense que je suis un bon à rien. Se pourrait-il qu'il ait raison et que je ne mérite pas le respect?»
Réaction	Le souvenir s'estompe.	Repli sur soi Estime de soi encore plus faible Souvenir constant de l'offense Désir de vengeance Installation de la douleur en permanence
Fondamentalement	Je suis fier de ma réaction.	Je m'en veux de ne pas avoir su mériter l'amour et le respect de l'autre.

parole qui se veut un jugement à notre égard n'a pas le pouvoir de briser l'estime que nous avons de nous-mêmes, car notre esprit logique est disponible pour nous rappeler notre vraie valeur. Si, par contre, nous ne sommes pas complètement certains d'être dignes et de mériter le respect, il y a de fortes possibilités que le jugement de l'autre augmente les doutes que nous avons déjà relativement à notre valeur profonde et nous amène à développer de la colère contre nous-mêmes.

Une offense provoque toujours une surcharge affective relativement à la peine et aux peurs. Comme tout surplus se doit d'être évacué pour assurer la protection de notre système émotif, nous faisons inconsciemment appel à un canal de dérivation. Bien sûr, nous devons privilégier le canal de la logique. Mais comme nous l'avons vu, lorsque les peurs sont inconscientes, son accès peut s'avérer très difficile. Il nous faut donc trouver un autre passage pour nous débarrasser du venin qui risque de nous intoxiquer. C'est ici que le canal du ressentiment peut entrer en jeu.

La dérivation

C'est le manque d'estime de soi qui nous fait tomber dans le ressentiment parce que cette incertitude quant à notre valeur peut nous amener à la croyance inconsciente que l'autre a peut-être raison de nous manquer de respect. Cette croyance est générée par la pensée inconsciente: «C'est peut-être vrai que je suis vil, méchant, insignifiant ou incompétent et, donc, que je ne mérite pas de vivre, d'être aimé et respecté.» Un tel doute est très effrayant, car si cette croyance devait s'avérer exacte, la vie perdrait alors tout son sens. Nous serions confrontés à un vide, à un abîme. Comme la force de ce doute bloque l'accès au canal de la logique, nous ne pouvons nous baser sur une évaluation objective de notre valeur pour nous rassurer. Nous utiliserons alors un autre moyen: nous convaincre et demeurer convaincus que l'autre est un être vil, abject, méchant et incompétent et, donc, que son jugement n'a aucune valeur. Pour nous aider à ne pas l'oublier, nous garderons en nous un désir de vengeance qui nous rappellera toujours que c'est ce dernier qui a tort.

ILLUSTRATION 9.1 DÉRIVATION PAR LE RESSENTIMENT

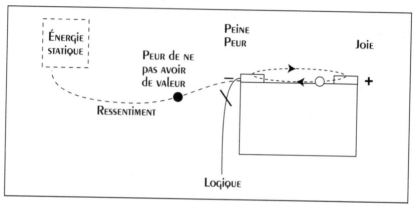

À travers cette dérivation, nous avons réglé temporairement le problème, mais nous sommes toujours confrontés au même abîme constitué de l'incertitude quant à notre valeur. Nous avons simplement entreposé le doute plus loin afin qu'il ne bloque pas l'accès à notre désir d'avancer, mais il constitue une pression interne statique qui risque de s'accumuler un peu plus chaque fois que nous faisons appel au ressentiment et qui finira par trouver un moyen de s'extérioriser, le plus souvent par des explosions de colère.

Même s'il peut, de prime abord, apparaître comme un outil de survie efficace, le ressentiment constitue en fait un cercle vicieux. Il nous permet de faire disparaître temporairement les doutes quant à notre valeur profonde mais, de ce fait, il nous enlève la possibilité de les affronter pour les éliminer. Les doutes perdurent et lorsque nous nous retrouvons en situation d'offense, nous pouvons développer le réflexe de faire appel au ressentiment pour tout risque de blessure reliée à l'estime de soi. Le ressentiment prend alors la forme d'un cordon très lourd qui peut s'avérer extrêmement toxique; malheureusement, les doutes quant à notre valeur n'ont pas disparu pour autant. Nous sommes devenus prisonniers du ressentiment et ne savons plus comment nous en débarrasser. Il nous mine intérieurement et est devenu un problème qui s'ajoute à ceux que nous avions déjà. Nous n'aimons pas cette haine qui nous habite et nous pouvons chercher à l'endormir par différents moyens. Nous sommes intoxiqués.

Briser le cercle vicieux

Il existe un moyen rapide de briser le cercle vicieux du ressentiment et nous débarrasser de ce canal de dérivation inadéquat. Il consiste à prendre d'abord conscience des doutes qui nous habitent relativement à notre valeur ainsi qu'à notre droit à la vie, au respect et à l'amour. Par la suite, nous pouvons défaire le nœud qui s'est formé lors de l'offense en travaillant avec l'exercice très simple mais extrêmement efficace proposé dans cet ouvrage et qui consiste à couper le cordon du ressentiment.

Chapitre 10

Le canal de la dépendance affective

La dépendance affective découle de l'impression d'avoir absolument besoin de quelqu'un d'autre pour survivre, comme si nous n'avions pas la capacité de bouger, de respirer, de penser, de décider et d'agir par nous-mêmes. Lorsque nous vivons dans le mode de la dépendance affective, nous exigeons de l'autre qu'il nous apporte l'amour, la sécurité et le bonheur mais, en contrepartie, nous sommes prêts à nous soumettre à de nombreux compromis dans le but de conserver ce lien. Le dépendant affectif a développé la croyance inconsciente qu'il va mourir si l'autre n'est plus là. Il a tellement appris à évaluer sa valeur et son mérite de vivre à travers le regard et le jugement d'autrui qu'il ne peut fonctionner de façon autonome et a l'impression de n'avoir aucune substance en lui-même.

Un cordon «ombilical»

Le cordon de la dépendance affective est semblable à celui qui nous liait à notre mère avant la naissance. Nous respirons à travers l'autre, nous nous nourrissons de l'amour de l'autre. Si le cordon ombilical se brise avant la naissance, le fœtus ne reçoit plus l'apport d'air et de nourriture qui lui est nécessaire pour se développer et survivre. Il risque de décéder, à moins qu'on ne puisse l'extraire de l'utérus et qu'il ne soit suffisamment âgé pour survivre. Dans ce cas, on pourra le placer en couveuse et tenter de le rendre autonome pour ce qui est de la respiration et de l'alimentation. Lorsque nous sommes liés à une personne par le cordon de la dépendance affective et que celui-ci se brise, que ce soit à la suite d'un deuil, d'une séparation, nous risquons de nous retrouver dans un état semblable à celui du fœtus dont nous venons de parler: incapables de respirer seuls et privés de nourriture affective.

Un autre problème risque de se produire à la fin d'une grossesse: un bébé, arrivé à maturité, incapable de s'extraire du ventre de la mère et qui demeure captif à l'intérieur de l'utérus où il s'intoxique. Ce même type d'ennui peut survenir avec le cocon de la dépendance affective. Au début d'une relation, la personne qui a l'impression d'avoir absolument besoin de l'autre pour survivre accepte aisément de se faire «toute petite», d'avoir des besoins minuscules et des attentes microscopiques envers l'autre, car elle est prête à tout pour être aimée et être entourée d'un cocon de sécurité. Au fil des mois, à mesure que se développe ce sentiment de sécurité, elle retrouve peu à peu le contact avec ses besoins et ses désirs d'adulte et, de ce fait, elle reprend lentement sa «taille» affective normale. Elle risque alors d'avoir de plus en plus de difficulté à se mouvoir dans son cocon et de voir son lien de dépendance l'empêcher de respirer. Le cordon de la dépendance affective possède l'avantage de nous permettre de ne pas assumer notre vie, mais il présente également l'inconvénient de nous la rendre très pénible.

La blessure sous la dépendance affective

Comment et pourquoi pouvons-nous en venir à croire qu'il nous est impossible de survivre sans la proximité affective d'une autre personne? Simplement parce que notre estime de soi est très faible. Nous avons développé la croyance que nous n'avons peut-être pas les compétences et les connaissances nécessaires pour assumer seuls notre vie. Nous avons conservé un questionnement inconscient, à savoir si nous méritons de vivre, d'être aimés et d'être heureux, et nous avons besoin qu'une personne soit constamment là pour nous rassurer à ce sujet. Sur le plan inconscient, nous sommes tellement incertains relativement à notre valeur que, si personne ne vient nous rassurer, nous avons peur de n'être rien, le néant, de ressentir un immense vide intérieur.

Cette blessure peut avoir différentes sources, certaines relevant d'événements particuliers qui les rendent plus faciles à cerner, d'autres découlant de situations plus globales qui ne nous permettent pas de cibler l'origine du manque d'estime de soi. On peut alors chercher pendant des années sans parvenir à trouver les éléments qui ont pu engendrer la lacune. C'est la raison pour laquelle il est peu important pour un dépendant affectif de connaître les tenants et aboutissants de son manque d'estime de soi, mais primordial de reconnaître que cette blessure l'habite.

La dérivation

La pensée inconsciente que nous ne valons peut-être rien est très effrayante à affronter et crée une grande surcharge émotive qu'il nous faut faire dévier afin qu'elle ne bloque pas notre circulation énergétique. L'idéal serait, bien sûr, que notre logique

Illustration 10.1 Dérivation logique bloquée

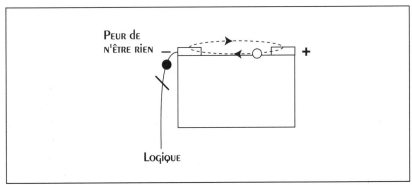

puisse détruire cette fausse croyance mais aussi longtemps qu'elle est inconsciente, notre logique n'y a pas accès.

Le canal de la dépendance affective nous offre alors une solution de rechange rapide. Si nous avons une personne qui est *toujours* là pour nous démontrer que nous avons de la valeur, nous sommes quelqu'un, nous existons et nous ne sommes pas un néant, un vide. Cependant, dans un tel cas, il est essentiel que cette personne soit constamment disponible, d'où un besoin de la présence qui apparaît vital à la survie.

ILLUSTRATION 10.2 DÉRIVATION PAR LA DÉPENDANCE AFFECTIVE

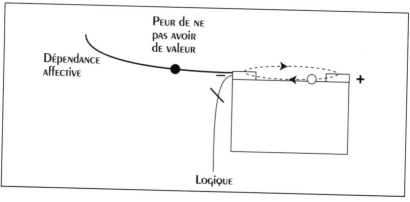

La dépendance affective et le contrôle

Lorsque nous sommes persuadés qu'un élément est essentiel à notre survie, nous ferons tout ce qui est en notre pouvoir pour ne pas le perdre. Ainsi, comme nous savons que l'air est primordial, nous ne placerons pas un sac de plastique fermé sur notre visage, pas plus que nous ne ferons exprès de demeurer 20 minutes sous l'eau. Nous nous placerons plutôt dans des endroits et des situations où l'oxygène est disponible en tout temps. L'eau et la nourriture étant elles aussi indispensables à la vie, il ne nous viendra pas à l'idée de nous installer pendant trois mois en plein milieu d'un désert, sans aucune provision. Dans notre vie quotidienne, nous nous assurons d'accomplir les actions nécessaires pour que ces éléments vitaux soient toujours présents.

Dans les situations de dépendance affective, nous nous persuadons que l'autre est aussi essentiel à notre survie que le sont l'air, l'eau et la nourriture. Pour cette raison, nous ferons tout ce qui nous apparaît nécessaire pour contrôler sa présence et nous assurer qu'il demeure disponible. Les moyens de contrôle passent par toute une gamme d'outils, allant de la soumission la plus totale à l'utilisation d'une violence immodérée. Ces deux pôles extrêmes sont très présents, par exemple, dans le modèle de la violence conjugale.

Nous avons souvent de la difficulté à comprendre ce qui pousse une femme à demeurer dans une relation avec un homme qui la bat, la méprise et la prive du respect le plus élémentaire. Cette femme a tellement l'impression qu'elle a besoin de lui qu'elle s'est persuadée elle-même qu'elle est responsable des agissements de son conjoint et qu'elle est prête à ramper devant lui pour qu'il continue à l'aimer. Cette femme tente de le contrôler par la douceur, l'obéissance et la prise en charge de ses besoins physiques. Inconsciemment, elle croit qu'elle risque de mourir si elle ne l'a plus dans sa vie. La logique n'a pas de prise, car bien sûr, si son esprit rationnel pouvait faire son travail, elle verrait qu'elle risque beaucoup plus sa vie en demeurant avec lui qu'en le quittant. Entre deux crises d'agressivité, le conjoint violent en vient habituellement à pleurer, à regretter et à redire à sa compagne à quel point il l'aime, ce qu'elle désire entendre plus que tout au monde. Elle a beaucoup plus peur de l'abandon et de la solitude que des coups. Le seul moyen d'aider efficacement une personne qui vit une situation de violence conjugale consiste à l'amener à reconstruire le sentiment de sa propre valeur et de sa capacité à assumer seule sa vie.

Il y a aussi l'homme violent, celui qui bat sa compagne et la traite comme un déchet. Encore ici, nous avons affaire à une personne qui est morte de peur. Il craint tellement de voir sa compagne le quitter et de se retrouver ainsi face au néant, soit à l'image qu'il a de lui-même, qu'il va tout tenter pour s'assurer qu'elle demeure avec lui, l'intimidation étant son arme de prédilection. À travers les coups qu'il lui assène et les menaces dont il l'abreuve, il la maintient dans un état de forte peur, sinon de terreur. Il utilise habituellement les mots les plus vils pour la décrire afin qu'elle se sente inapte, incompétente et même repoussante afin qu'elle continue de croire qu'il est le seul qui puisse l'aimer quand même. Si, malgré tous les moyens de contrôle qu'il a mis en place pour conserver la présence de sa conjointe, celle-ci décide quand même de le quitter, il peut faire des gestes irréparables comme la tuer et tenter de se suicider par la suite, car il est incapable d'assumer le néant intérieur auquel il est confronté. Le seul moyen efficace pour aider une personne qui utilise cette forme de contrôle est de l'amener à prendre conscience de son manque d'estime de soi, du trou noir qui l'habite et qui lui fait si peur.

Ces deux formes de contrôle sont extrêmes, mais on en trouve de nombreuses autres entre ces deux pôles. Ainsi, toute tentative de manipulation ou toute attitude que nous adoptons et qui nous demande des compromis difficilement acceptables représentent des formes de contrôle à l'intérieur d'un couple et laissent voir les signes d'une possible dépendance envers l'autre.

Lorsqu'une personne prend conscience de sa valeur profonde, elle se rend compte qu'elle est apte à assumer elle-même sa vie et qu'elle mérite de vivre, d'être heureuse, aimée et respectée. Elle n'a pas un besoin vital du regard ou de la présence d'autrui, car elle est complète en elle-même.

Chapitre 11

Le canal de l'apitoiement sur soi

Le terme «apitoiement» renvoie à la notion de pitié qui se veut un sentiment de compassion pour les souffrances d'autrui. Dans le canal de l'apitoiement sur soi, cette pitié est omniprésente, sauf que la compassion qu'elle implique ne vise pas la souffrance d'autrui mais la nôtre, et seulement la nôtre. La personne qui utilise ce canal de dérivation se pose en martyr perpétuel: victime du système, des gens, des événements, des situations, du sort, du destin ou de la fatalité. Elle semble vouloir dire: «Voyez à quel point je suis malchanceux, combien ma vie est difficile, et le destin rude avec moi.» Si nous lui faisons part de difficultés que nous éprouvons, il y a fort à parier qu'elle répondra qu'elle nous comprend car elle-même a vécu bien pire. Le fait qu'elle essaie constamment de provoquer la pitié des autres est un moyen utilisé pour attirer l'attention afin qu'on s'occupe d'elle.

Le cordon de la pitié

Lorsque nous vivons dans l'apitoiement sur nous-mêmes, nous utilisons la pitié comme un cordon qui nous permet de nous attacher l'attention des autres et de nous nourrir de leur intérêt. Comme ceux du ressentiment et de la dépendance affective, le cordon de l'apitoiement sur soi en est un de survie affective. Fondamentalement, la personne qui se lie aux autres à travers lui ressent une grande sensation de vide intérieur et a l'impression qu'elle va mourir si personne ne vient le combler. Cependant, elle se perçoit comme inapte et incompétente et croit inconsciemment qu'elle n'a pas suffisamment de valeur pour qu'on puisse s'arrêter à elle par intérêt. Il lui faut donc trouver un autre moyen pour attirer l'attention des autres et elle le fait en leur laissant voir ses faiblesses, mais attention, pas de n'importe quelle façon!

- «Je suis incapable d'accepter le décès de mon frère et je n'arrive pas à remonter la pente, d'autant plus que mon père est mort lui aussi deux ans auparavant. Le sort est vraiment trop dur envers moi.»
- «Je voudrais bien décrocher de mon divorce et passer à autre chose, mais avec mon ex-mari qui revient toujours à la charge avec les histoires de garde et de pension alimentaire, je n'en peux plus, je suis toujours épuisée et je me sens incapable de partir à la recherche d'un emploi.»
- «J'ai vécu une enfance tellement difficile, dans un milieu alcoolique et violent, que j'en ai gardé des séquelles pour toute ma vie. Je voudrais être capable d'avancer et de me prendre en main, mais ils m'ont démoli, brisé, détruit.»

Voilà le genre de phrases que prononce la personne qui s'apitoie sur son sort et qui visent fondamentalement à s'attirer la pitié des autres Elle leur dit qu'elle se sent inapte et incompétente, mais qu'elle n'est pas responsable de cet état. Elle fait appel à leurs bons sentiments en leur laissant entendre qu'elle a besoin de leur aide et de leur compréhension pour s'en sortir.

Les cordons du ressentiment et de la dépendance affective nous lient à une seule personne à la fois, alors que celui de l'apitoiement sur soi a de nombreuses ramifications et se connecte à tous ceux qui veulent bien écouter.

La blessure sous l'apitoiement sur soi

Dans les faits, la personne a raison de dire qu'elle se sent inapte et incompétente: c'est la vérité. C'est ce qu'elle ressent réellement. Peu importe la raison, elle a développé un fort questionnement sur sa valeur profonde et son mérite à la vie, à l'amour et au bonheur. Elle a besoin que les autres lui disent que c'est normal qu'elle se sente ainsi, qu'elle est correcte, qu'elle a raison, que ce n'est pas de sa faute. Elle se sent incapable d'assumer sa vie et la pitié qu'elle inspire justifie son inaction face au regard d'autrui. Elle a l'impression de n'être vivante qu'à travers le regard des autres mais il faut que celui-ci lui soit favorable.

La dérivation

Bien sûr, si le *ground* logique pouvait effectuer son travail, la personne qui utilise l'apitoiement redonnerait sa juste dimension à la perception qu'elle a de sa valeur et de son mérite. Plus encore, elle pourrait alors se «voir» avec les yeux des autres et l'image qu'elle aurait alors lui déplairait certainement au plus haut point, car «pitoyable» est synonyme de «misérable, navrant, lamentable, pauvre et médiocre», ce qu'elle n'est absolument pas. Cependant, le canal logique ne peut éliminer les surplus émotifs occasionnés par les peurs relatives à sa valeur profonde, tant que ces dernières sont inconscientes. Pour faire dériver les surcharges, la personne utilise le canal de l'apitoiement sur soi.

Illustration 11.1 Dérivation par l'apitoiement sur soi

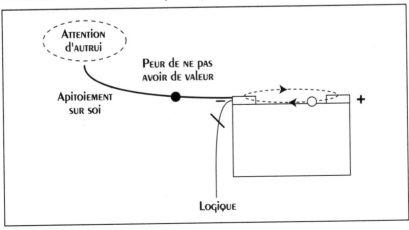

Elle obtient ainsi l'attention des autres qui lui semble primordiale à sa survie, puisqu'elle se sent incapable de s'assumer. Toutefois, le prix à payer est très élevé, car chaque tentative de se faire prendre en pitié diminue son estime de soi. Non seulement elle convainc les autres de son incapacité à s'assumer, mais elle renforce aussi cette croyance inconsciente face à elle-même, ce qui contribue à augmenter les doutes quant à sa valeur. Lorsque ceux-ci deviennent suffisamment forts et destructeurs, ils peuvent s'installer en maître sur le pôle négatif de son système énergétique. Il n'y a alors plus aucun canal suffisamment puissant pour dériver les surcharges, et c'est le risque de collision.

L'apitoiement sur soi et le pouvoir aux autres

L'apitoiement sur soi est le moyen le plus sûr de ne pas avoir de contrôle sur notre vie et sur les éléments qui la façonnent, car nous laissons tout pouvoir aux autres de nous rassurer quant à notre valeur et à notre droit à la vie, à l'amour et au bonheur. Qu'advient-il s'ils n'entrent pas dans notre jeu, s'ils refusent de nous prendre en pitié? Nous risquons de nous sentir trahis et incompris. Nous nous sommes tellement per-

ILLUSTRATION 11.2 L'échec de l'apitoiement sur soi

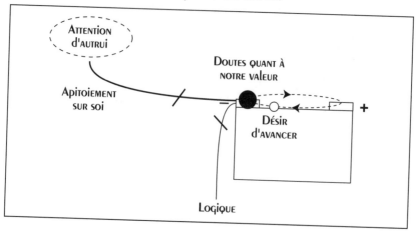

suadés nous-mêmes de mériter la pitié qu'un refus de la part de l'autre de nous l'accorder peut facilement être perçu comme un rejet de notre personne, d'où une augmentation du sentiment de «victimisation» et des doutes relatifs à notre droit à l'amour. Si, par contre, les autres acceptent de jouer le jeu et qu'ils nous prodiguent pitié et compassion, ils nous confortent dans le sentiment que nous sommes démunis et faibles, ce qui ne peut en rien contribuer au rétablissement de l'estime que nous avons de nous-mêmes. C'est un autre cercle vicieux qui ne peut se briser qu'au moment où nous prenons conscience des doutes que nous ressentons quant à notre capacité d'assumer nous-mêmes notre vie.

Quatrième partie

Les actions à prendre

Chapitre 12

Soigner les blessures de l'enfance

Comme nous l'avons vu précédemment, les doutes relatifs à notre valeur, à notre droit à la vie, à l'amour, au bonheur et au respect ainsi qu'à notre capacité d'assumer notre vie prennent tous racine dans notre enfance, à une époque où la logique ne s'était pas encore développée et ne pouvait donc intervenir dans nos apprentissages. C'est durant cette période que se sont ancrées, dans l'inconscient, de nombreuses fausses croyances dont la plus destructrice, lorsqu'elle perdure à l'âge adulte, est que nous sommes incapables d'assumer notre vie ainsi que les choix et les décisions que celle-ci implique. Cette croyance sous-entend implicitement que nous ne sommes sans doute pas suffisamment compétents et que, de ce fait, nous ne méritons peut-être ni la vie, ni l'amour, ni le bonheur ou le respect.

L'apport logique

Si cette croyance n'a jamais été délogée, elle subsistera à l'âge adulte et causera de nombreux dommages. Elle aura alors pris de telles proportions qu'elle sera très difficile à affronter. S'il devait s'avérer que nous sommes réellement incompétents et que nous ne méritons pas de vivre, d'être aimés, heureux et respectés, notre vie n'aurait alors aucun sens et nous serions confrontés au néant. Nous préférons ne pas reconnaître ces doutes pour éviter d'avoir à y répondre.

Cependant, parvenus à l'âge adulte, nous possédons un esprit logique bien structuré qui est apte à nous apporter la preuve du contraire et à défaire cette fausse croyance. Mais pour qu'il puisse effectuer efficacement ce travail, il nous faut accepter de laisser remonter ces doutes à la conscience, car c'est seulement à ce niveau que notre logique peut entrer en action.

L'évitement

Tant que nous refusons d'affronter ces doutes, nous utiliserons différents moyens pour les contourner et éviter de faire face aux peurs, aux peines ainsi qu'aux sentiments d'incompréhension, d'impuissance et de culpabilité qu'ils engendrent. Cependant, comme ceux-ci créent une forte pression interne, nous ferons appel à des canaux de dérivation autres que la logique. Nous savons inconsciemment que ces doutes viennent de notre enfance puisque, même si nous sommes devenus des adultes, nous nous sentons tout *petits* face à la vie. C'est la raison pour laquelle nous ferons souvent appel à ces cordons de dépendance que sont le ressentiment, la dépendance affective et l'apitoiement sur soi qui, chacun à leur manière, nous apportent une présence visant à rassurer *l'enfant* qui subsiste en nous.

Les blessures de l'enfance et le ressentiment

Tout d'abord, il est plus facile de nous dire que la source de notre anxiété réside dans le fait que nos parents ou d'autres personnes signifiantes de notre enfance ont été incapables de nous apporter la sécurité et de nous aider à devenir des adultes compétents et responsables. Nous pouvons ainsi cibler un coupable à notre malaise et lui en vouloir pour l'anxiété que nous éprouvons aujourd'hui. De plus, nous pouvons développer un désir de vengeance qui nous permettra de ne jamais oublier que c'est lui le coupable. Le ressentiment nous maintient cependant lié aux blessures de l'enfance et nous empêche de prendre conscience que nous sommes devenus des adultes et qu'à ce titre, nous sommes capables d'assumer seuls notre vie.

Les blessures de l'enfance et la dépendance affective

La croyance que nous sommes trop *petits* pour vivre seuls peut facilement nous inciter à développer des attaches de type parent-enfant avec nos partenaires. Nous respirons à travers l'autre, nous avons un besoin constant de sa présence et nous sommes prêts à des compromis majeurs afin que notre *papa* ou notre *maman* ne nous abandonne pas. Nous pouvons même accepter des comportements inadéquats, destructeurs et méprisants de sa part lorsque nous doutons de notre droit à la vie et au respect. La dépendance affective alimente l'abcès relié aux blessures de l'enfance, car elle contribue à augmenter les doutes quant à notre capacité d'assumer seuls notre vie.

Les blessures de l'enfance et l'apitoiement sur soi

Se prendre en pitié face aux difficultés que nous avons éprouvées durant notre enfance et demander aux autres d'en faire autant constitue un cordon de dépendance, sauf que nous ne demandons pas à une seule personne de nous «remorquer» mais nous espérons cette attitude de tous ceux qui nous entourent. Encore ici, nous n'avons pas à prendre la responsabilité de notre vie, à affronter les doutes relatifs à notre compétence d'adulte. Nous sommes *petits* et incapables de grandir. Nous faisons pitié et c'est la faute de notre enfance difficile. Tant et aussi longtemps que nous jouons sur l'apitoiement, nous sommes dans l'incapacité de permettre à notre logique de nous prouver que, peu importe l'enfance que nous avons vécue, nous sommes devenus des adultes capables de nous assumer. Les doutes continuent de nous habiter et l'abcès s'agrandit.

Les blessures qui perdurent

Le seul moyen efficace de soigner les blessures de l'enfance et de mettre fin à la souffrance qui y est reliée est de prendre conscience des doutes que nous avons développés relativement à notre valeur et de nous défaire des émotions difficiles qui en ont découlé et qui nous habitent encore. Aucun canal de dérivation autre que la logique ne peut nous apporter de soutien réel dans cette tâche, car, au contraire, le ressentiment, la dépendance affective et l'apitoiement sur soi ne peuvent que contribuer à faire durer la souffrance.

Couper les chaînes

Les blessures que nous conservons de notre enfance constituent des boulets très lourds auxquels nous sommes enchaînés et que nous traînons derrière nous. Ils entravent notre liberté ainsi que notre capacité d'avancer.

Illustration 12.1 Les blessures de l'enfance

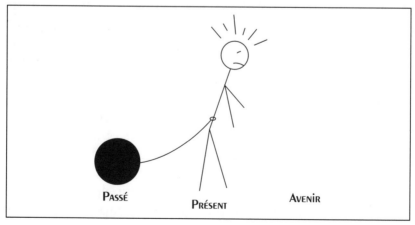

PASSÉ   PRÉSENT   AVENIR

Heureusement, nous avons un moyen de soigner efficacement ces blessures et de nous libérer ainsi du poids qu'elles nous obligent à tirer.

Illustration 12.2 Libéré des blessures de l'enfance

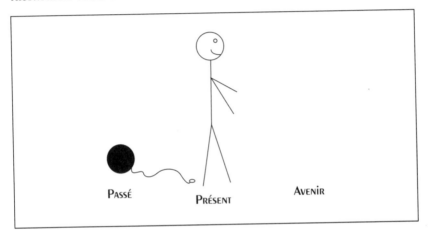

La cinquième partie de ce livre nous offre en détail le mode d'emploi permettant d'effectuer cette opération qui, si elle se veut mineure relativement à la somme de travail, donnera cependant des résultats majeurs quant à la reprise en main de notre vie.

D'ici là, il nous reste à déterminer, dans les deux prochains chapitres, si ces blessures de l'enfance ont pu provoquer en nous une difficulté à composer avec le deuil, qu'il soit relatif à la mort de certains proches ou qu'il touche une séparation affective (comme une rupture amoureuse ou un divorce) et, si tel est le cas, à prendre la décision de nous libérer des liens toxiques que ces situations ont pu créer.

Chapitre 13

Finaliser le deuil d'une personne décédée

Lorsqu'une personne qui nous est chère décède, il s'ensuit une profonde tristesse qui est parfaitement normale et qui demande à être vécue et assumée, car sa disparition laisse une sensation de vide, qui peut être petit ou grand, selon la place qu'elle occupait dans notre vie. Un vide intérieur demande toujours à être comblé, car il provoque en nous un déséquilibre et perturbe notre fonctionnement. Lorsqu'un proche meurt, il est important de nous octroyer cet intervalle de temps que l'on nomme «période de deuil» et qui vise justement à combler le vide provoqué par sa disparition. Et il n'y a pas de durée déterminée pour finaliser un deuil.

L'apport logique

Certaines personnes parviennent plus rapidement que d'autres à faire leur deuil d'un disparu, c'est-à-dire à accepter d'être privées de sa présence. Elles se permettent d'abord de ressentir la peine qui les habite, puis de l'extérioriser au besoin. Elles laissent remonter à la surface les peurs relatives au sentiment de solitude que le décès provoque. Ces peurs se trouvant sur le plan de la conscience, leur esprit logique peut leur faire voir qu'elles ont de nombreuses raisons d'exister, qu'elles sont capables de continuer d'assumer leur vie, de faire des choix et de prendre des décisions même si l'autre n'est plus présent physiquement. Lentement, les beaux souvenirs qui les unissent à la personne disparue prennent la relève et comblent l'espace intérieur, faisant disparaître la sensation de vide. Lorsque le deuil est assumé, la personne qui reste peut alors continuer sa route, riche d'une énergie encore plus grande, créée par la joie de se sentir accompagnée par l'autre.

L'évitement

Malheureusement, il n'est pas toujours aussi facile de finaliser un deuil. Certains ont de la difficulté à assumer la tristesse qui s'empare d'eux lorsque survient un décès. Soit ils répriment la peine qu'ils ressentent et ne donnent aucune chance aux peurs de faire surface, soit ils se laissent glisser dans un abattement dont ils semblent incapables de sortir. Ils sont confrontés à la sensation de vide qui accompagne toute perte mais chez eux, ce vide semble immense, comme un trou béant dans lequel ils craignent de basculer ou dans lequel ils se laissent couler.

C'est ici que peuvent intervenir les différents canaux de dérivation de nos surplus émotifs. Quand nous refusons de voir les peurs qui nous habitent à la suite de la disparition d'une personne décédée, celles-ci demeurent enfouies dans notre esprit inconscient et bloquent l'accès au canal de la logique. Ces peurs profondes sont toutes en relation avec nos doutes quant à notre capacité d'assumer notre vie: peur de la solitude, de l'abandon, de l'avenir, de l'autonomie, de l'inconnu, d'être incapable de..., de ne pas pouvoir..., etc. Elles sont très fortes et créent une grande pression interne que nous devons évacuer pour éviter d'exploser, de «mourir».

Le deuil et le ressentiment

Pour libérer la surcharge émotive, nous pouvons utiliser le canal du ressentiment et y développer de la rancune face à la personne décédée qui nous «a laissé tomber», ou face à la vie, au système médical, aux conducteurs imprudents, en fait, envers toute personne ou tout système qui peut être ciblé comme un coupable potentiel à notre malheur. Ainsi, nous n'avons pas à prendre la responsabilité de la détresse qui nous afflige. Nous n'avons pas à affronter les doutes quant à notre capacité d'assumer notre vie sans la présence de l'autre. Nous pouvons nous persuader que le seul responsable de notre malaise se trouve à l'extérieur de nous, une pensée qui nous apporte un soulagement temporaire mais qui donne aux peurs la possibilité de demeurer en nous, de créer des courts-circuits internes, ou encore de pourrir et de se transformer en foyer d'infection.

Le deuil et la dépendance affective

Un autre canal de dérivation qui peut nous apporter un soulagement momentané est celui de la dépendance affective. Nous nous accrochons à la personne décédée et nous refusons de croire qu'elle soit disparue à jamais. Nous agissons comme si elle était toujours là, comme si elle ne nous avait pas quittés. Nous pouvons conserver tout ce qui lui a appartenu et prendre toutes nos décisions en tenant compte de ce qu'elle en aurait pensé ou de ce qu'elle aurait souhaité, en fait en agissant exactement comme si elle était toujours vivante.

Ainsi, nous n'avons pas à affronter les doutes relatifs à notre capacité de nous assumer nous-mêmes, puisque nous sommes persuadés que nous ne sommes pas seuls. La réalité étant cependant tout autre, ces peurs demeurent en nous avec tous les désordres qu'elles peuvent occasionner.

Le deuil et l'apitoiement sur soi

Le troisième canal de dérivation qui peut sembler nous apporter un soulagement lorsque nous avons un deuil à effectuer est celui de l'apitoiement sur soi. Si nous croyons inconsciemment que nous sommes inaptes à assumer seuls notre vie à la suite du décès d'un proche, nous pouvons chercher à obtenir l'attention et le soutien des autres en nous prenant nous-mêmes en pitié et en projetant l'image de victime afin de provoquer leur compassion. Nous faisons alors appel à leurs bons sentiments afin qu'ils acceptent de nous prendre en charge et, ainsi, d'éviter à assumer notre propre vie.

Le deuil non finalisé

Les trois canaux de dérivation que sont le ressentiment, la dépendance affective et l'apitoiement sur soi apportent un soulagement temporaire lors d'un deuil et, à ce titre, ils peuvent nous être d'un bon secours. Ils recèlent cependant un danger certain lorsque nous nous attachons à eux comme à une bouée de sauvetage, car ils nous emprisonnent alors dans le cercle vicieux de la mésestime de soi. Ils nous empêchent d'utiliser le canal logique pour prendre conscience que nous avons le potentiel nécessaire pour assumer notre vie. De cette manière, ils permettent aux doutes relatifs à notre valeur de subsister, mais plus encore, ils contribuent à les augmenter (voir à ce sujet l'illustration à la page 48).

Cette croyance que nous sommes probablement incapables d'affronter la vie sans la présence de la personne disparue ne se développe pas au moment où celle-ci décède, mais elle se veut plutôt l'aboutissement d'une longue incertitude qui prend ses racines dans l'enfance. La perte d'un être cher se veut un élément déclencheur qui nous met face à nos peurs profondes, nos doutes et nos incertitudes. Nous pouvons choisir d'éviter la confrontation à travers les différents canaux de dérivation, mais il faut savoir que nous aurons quand même à les affronter tôt ou tard car tout événement ou toute situation pénible ramènera toujours à la surface ce questionnement relatif à notre valeur. Nous pouvons aussi choisir d'en finir avec l'incertitude en acceptant de voir les divers éléments que les cordons renferment et en nous en débarrassant. Lorsque les cordons toxiques disparaissent, nous avons de nouveau accès à tous les liens positifs qui nous unissaient avec la personne disparue.

Le deuil positif

Peu importe la grandeur et l'importance de la perte subie, un deuil peut devenir une étape très positive dans notre cheminement de vie. Lorsque nous parvenons à l'assumer, nous en sortons avec une meilleure conscience de notre valeur profonde, donc plus forts et fiers de l'être. Nous sommes dotés d'une énergie qui circule librement et nous savons que nous pouvons nous fier sur nous-mêmes pour continuer d'avancer.

Illustration 13.1 Se libérer du deuil

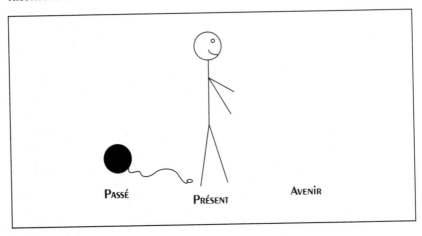

PASSÉ   PRÉSENT   AVENIR

Chapitre 14

Assumer une rupture affective

Lorsque survient une séparation ou un divorce, nous pouvons être confrontés à une situation qui, dans le langage populaire, s'appelle «peine d'amour». Ce sentiment risque d'être plus fort si nous ne sommes pas la personne qui a décidé de mettre fin à la relation. Lorsque survient une telle situation, nous pouvons: percevoir la rupture comme un abandon, un rejet ou une trahison; avoir peur de la solitude, de l'avenir, ou encore nous être trompés sur l'autre et vivre des sentiments d'échec, d'impuissance et d'incompréhension.

Même si l'autre n'est pas décédé, nous avons quand même un deuil à effectuer, car nous sommes privés de sa proximité physique et de tous les rêves d'avenir que nous avions en commun.

La rupture prévisible

Certaines ruptures surviennent après une longue période de dysfonctionnement amoureux. La monotonie et une distance affective peuvent s'être installées dans la vie du couple, chacun ayant des préoccupations propres qui n'ont plus leur place dans le quotidien. L'intérêt amoureux et sexuel s'est amoindri au fil du temps et a laissé place à un sentiment de fausse sécurité chez l'un des membres du couple ou les deux. La situation peut perdurer parfois longtemps mais un jour, l'un des conjoints en vient à se sentir prisonnier de la routine qui s'est installée et peut désirer s'en évader. Il peut choisir de simplement mettre fin à une relation dans laquelle il étouffe, ou encore de conserver celle-ci mais en allant chercher ailleurs les éléments qui le font se sentir vivant. Une telle situation ne peut cependant durer éternellement, car l'un ou l'autre des conjoints finit par se lasser de la relation elle-même ou des comportements inadéquats de l'autre.

D'autres séparations et divorces arrivent après une longue histoire de violence et d'abus multiples. Ils étaient prévisibles depuis très longtemps mais ne se produisent que lorsque le conjoint maltraité en vient à les percevoir comme l'ultime porte de sortie avant une mort possible ou une destruction totale.

D'autres ruptures encore surviennent alors que tout l'entourage aurait pratiquement pu les prédire. Il en va ainsi lorsque l'un des conjoints a toujours eu, par le passé, une forte propension aux aventures extra-conjugales brèves et sans complications ou encore qu'il a développé une dépendance quelconque. Une telle personne démontre une grave difficulté à s'investir affectivement et à assumer les responsabilités inhérentes à ce type d'engagement. Évidemment, pour toute personne qui regarde la situation de l'extérieur, ce genre de comportement n'est absolument pas garant d'une réussite amoureuse. Cependant, quelqu'un qui accepte de s'engager dans ce genre de relation pense différemment. Il connaît possiblement les aventures passées de l'autre ainsi que l'étendue de ses comportements compulsifs, mais il se persuade qu'il pourra l'amener à changer, que la force de son amour ravira l'autre et le satisfera suffisamment pour qu'il s'investisse complètement et oublie ses autres centres d'intérêt.

Dans ces deux types de relations, les conjoints peuvent sembler surpris lorsque survient une rupture, mais dans les faits, ils le savaient. Ils avaient des doutes quant à la solidité de leur union, mais ils ont préféré fermer les yeux, espérant, avec une pensée toute magique, que les choses s'arrangeraient d'elles-mêmes.

La rupture imprévisible

D'autres ruptures semblent survenir sans qu'il y ait eu présence de signes avant-coureurs. Le plus souvent, cette situation se produit lorsqu'un des conjoints vit une aventure amoureuse ou sexuelle extra-conjugale secrète et qu'il annonce subitement qu'il met fin à sa relation de couple, ayant trouvé ailleurs l'amour qu'il recherchait. Ou alors, le conjoint trompé apprend l'incartade et rejette carrément la personne qui l'a trahi.

D'autres séparations se produisent alors que tout semble fonctionner normalement à l'intérieur du couple et qu'il n'y a pas de tierce personne en jeu: les deux partenaires ont de nombreuses activités communes, une vie sexuelle satisfaisante et certains acquis matériels. Si l'un des conjoints annonce qu'il quitte la relation parce que, même s'il a tout essayé, il se sent mal à l'aise et a besoin de vivre seul, l'autre se trouve soudainement confronté à un grand sentiment d'incompréhension.

Les ruptures que l'on n'a pas vu venir ont le pouvoir de créer instantanément une forte impression de trou noir, de néant, dès leur annonce. C'est un peu comme si notre monde s'écroulait tout d'un coup, disparaissait, laissant place à un grand vide.

La présence d'enfants

Dans le survol que nous venons d'effectuer, il n'a pas été fait mention des enfants. Dans les faits, ceux-ci ont très peu à voir dans la séparation du couple, sauf peut-être lorsque cette dernière résulte d'une violence physique, verbale ou psychologique orientée directement vers les enfants et que la séparation devient le seul moyen de les protéger. Dans tous les autres cas, la rupture affective se passe d'abord entre les deux adultes concernés et elle est la résultante d'un malaise intérieur chez l'un des conjoints ou chez les deux.

Pour justifier le choix de quitter une relation, nous pouvons utiliser la présence des enfants comme prétexte à la routine qui s'est installée, à la diminution d'intérêt que nous ressentons pour l'autre, à la pression émotive qui nous submerge ou aux responsabilités qui nous accablent, bref, comme s'ils étaient responsables du mal-être qui nous incite à tirer notre révérence. Ce ne sont là que des prétextes car, dans les faits, ce sont les peurs profondes non assumées qui nous accablent, et non les enfants.

Nous pouvons aussi utiliser les enfant pour manipuler le conjoint et justifier le ressentiment, la dépendance affective et l'apitoiement sur soi, ces trois canaux de dérivation qui nous permettent de ne pas regarder les peurs profondes qui nous habitent face au fait de nous retrouver seuls et d'avoir à assumer notre vie.

Lorsqu'il y a présence d'enfants, ceux-ci ne demandent surtout pas d'être pris en otage, et pourtant c'est ce qui se produit très souvent. Plutôt que de faire face à ce qui se passe en nous, à nos doutes et à nos incertitudes, nous les utilisons comme prétextes et outils, oubliant qu'ils sont des êtres humains à part entière, sensibles, inquiets et tellement peu sûrs d'eux-mêmes.

Nous venons d'ouvrir une parenthèse en ce qui regarde le rôle des enfants dans une rupture affective et nous la refermons immédiatement, car le malaise qui amène une séparation se passe d'abord entre deux adultes; les enfants n'y sont pour rien.

L'évitement

Lorsque se produit une séparation ou un divorce, l'idéal serait que nous puissions nous dire:

«Je ne veux plus de cette relation – ou l'autre ne veut plus de cette relation –, donc elle est terminée, je passe à autre chose et c'est très bien ainsi.»

C'est là exactement le genre de phrase qui conviendrait

à quelqu'un qui n'éprouverait aucune sensation, ce qui n'est pas notre cas, bien sûr. Comme nous l'avons vu dans le deuxième chapitre, tout changement nous demande une adaptation qui entraîne automatiquement des peurs. Chaque rupture amoureuse implique nombre de changements et, donc, provoque des peurs parmi lesquelles la peur de l'avenir, de l'inconnu, de l'insécurité, de la solitude, d'être inapte et incompétent, de ne pas mériter l'amour et le bonheur. Chacune de ces peurs implique un doute profond quant à notre droit à la vie et à notre capacité d'assumer cette dernière. Et cette incertitude développe une surcharge émotive qui a besoin d'être libérée. Si nous évitons de faire face au doute, nous nous privons de l'accès au canal de la logique et risquons fort d'utiliser ceux du ressentiment, de la dépendance affective et de l'apitoiement sur soi pour diminuer la pression interne.

L'apport logique

Certaines personnes en viennent relativement rapidement à assumer une rupture affective, qu'elles en soient l'instigatrice ou non; celles-ci réussissent à affronter le tourment qui les habite plutôt que de chercher à le fuir.

Une rupture affective est souvent considérée comme un rejet, un abandon ou un échec, et rejoint ainsi les plus fortes peurs et douleurs que nous avons pu ressentir en tant qu'enfant. Les principales croyances inconscientes qui nous assaillent face à ces sensations de rejet et d'abandon sont:

- «S'il ne m'aime plus, c'est peut-être que je ne suis pas assez bonne.»
- «Si je ne l'aime plus, c'est possiblement parce que je n'ai pas essayé suffisamment.»
- «S'il m'a quittée, c'est probablement parce que je n'en valais pas la peine.»
- «Si cela m'arrive à moi, c'est peut-être parce que je ne mérite pas d'être heureux.»
- «Vais-je être capable de vivre seul?»

Chacune de ces croyances révèle des doutes quant à notre valeur profonde et notre capacité d'assumer notre vie. Elles sont effrayantes car s'il devait s'avérer que nous ne valons pas la peine d'être aimés et que nous ne méritons pas le bonheur, notre vie n'aurait plus de sens et nous serions confrontés au néant. Le seul moyen efficace de faire disparaître ces incertitudes est d'en prendre conscience, de les laisser monter à la surface. La logique peut dès lors effectuer son travail en nous permettant de réaliser que nous méritons l'amour et le bonheur et que nous avons le potentiel nécessaire pour assumer nous-mêmes notre vie.

La personne qui vit à l'intérieur d'une relation toxique basée sur la violence et divers comportements compulsifs du conjoint et qui prend la décision de sortir définitivement de celle-ci doit obligatoirement avoir accès au canal de sa logique. Lorsque celle-ci a la possibilité de lui démontrer qu'elle a toutes les ressources nécessaires pour assumer sa vie, qu'elle n'a pas besoin de l'autre pour survivre et qu'elle mérite le respect, cette personne est capable d'assumer son choix de vivre seule et de procéder à une rupture définitive.

La personne qui doit vivre une séparation qu'elle n'a ni choisie ni désirée peut sortir grandie d'une telle épreuve. Si elle est capable de laisser remonter à la surface les peines et les peurs qu'une telle situation engendre, sa logique lui permettra de se rendre compte que la décision de son conjoint n'a rien à voir avec sa propre valeur à elle, qu'elle mérite toujours de vivre et d'être aimée et qu'elle est apte à assumer cette situation et la vie en général.

La rupture et le ressentiment

Lorsqu'il nous est impossible d'affronter les doutes inconscients qui nous habitent, nous n'avons pas accès au canal de la logique. Il nous faut donc utiliser d'autres conduits pour faire dériver la surcharge émotive. Dans les situations de rupture affective, le canal privilégié par de nombreuses personnes est celui du ressentiment. La sensation de rejet et d'abandon devient l'offense, la blessure à l'estime de soi. Le désir de nous venger nous rappelle constamment que c'est l'autre qui n'est pas correct et, ainsi, nous n'avons pas à regarder nos doutes en face, ce qui nous apporte un certain soulagement. Cependant, notre désir de vengeance nous maintient dans un état de colère qui n'a rien de bon pour notre santé et qui peut nous pousser à des comportements inadéquats dont le pire, lorsqu'il y a présence d'enfants, est sans aucun doute l'utilisation de ceux-ci pour punir l'autre. Ils deviennent alors de simples instruments qui nous permettent d'éviter d'avoir à nous regarder en face, ce qui, avouons-le, n'est pas très joli. Les moyens que nous utilisons pour nourrir notre ressentiment ont tous, comme effet secondaire, d'augmenter notre mésestime de soi, de nous convaincre un peu plus que, dans le fond, l'autre a eu raison de nous quitter. L'abcès s'infecte ainsi de plus en plus.

La rupture et la dépendance affective

Un autre canal qui nous permet de ne pas confronter nos incertitudes est de nous convaincre que nous sommes incapables de vivre seuls, que nous avons absolument besoin de l'autre et qu'il nous faut lui prouver qu'il a tort de nous laisser. Nous assistons alors à diverses formes de harcèlement qui visent à nous maintenir attachés à l'autre et à nous assurer qu'il n'oublie pas que nous existons. Nous utilisons ainsi le canal de la dépendance affective pour éviter d'avoir à nous assumer et à affronter le profond sentiment d'inaptitude que nous ressentons.

Dans un cas de séparation ou de divorce, les comportements induits par la dépendance affective peuvent aller de l'asservissement le plus total à la tentative de contrôle par la violence. Encore ici, l'utilisation des enfants pour amadouer l'autre ou, au contraire, pour le soumettre devient le pire préjudice qu'on puisse infliger à ceux-ci, et nous pouvons en venir à ce point simplement pour nous éviter d'affronter nos peurs profondes. Évidemment, nous sommes conscients que ces comportements sont inadéquats, ce qui contribue à briser un peu plus notre estime de soi.

La rupture et l'apitoiement sur soi

Le canal de l'apitoiement sur soi permet lui aussi de ne pas affronter notre sentiment d'incapacité à assumer notre vie. Lors d'une rupture, plutôt que de nous prendre en main, nous demandons aux autres de nous donner l'énergie nécessaire pour continuer, de comprendre que nous sommes incapables de le faire seuls. Nous utilisons alors des phrases telles que:

- «C'est trop affreux de vivre seul alors que j'avais tant investi dans cette relation. Je voulais tellement qu'elle réussisse!»
- «Je n'avais pas le choix de le quitter, car il me rendait la vie trop difficile.»

L'apitoiement sur soi constitue l'art de faire passer l'autre pour le méchant bourreau et nous pour la pauvre victime, nous enlevant ainsi toute responsabilité face aux causes de la rupture. Tous les trucs sont bons pour parvenir à nos fins. Nous ne montrons aux autres qu'un seul côté de la médaille: les défauts et les faiblesses de l'autre, les qualités et les forces qui nous appartiennent. S'il y a des enfants en cause, ils seront sans doute les premiers que nous tenterons de convaincre de la méchanceté de l'autre, puisqu'ils sont les alliés potentiels le plus près de nous. Et pourtant, les enfants ne devraient jamais avoir à choisir entre deux personnes qu'ils aiment. Lorsque nous sommes dans le canal de l'apitoiement sur soi, nous pouvons cependant leur infliger le châtiment d'avoir à choisir, simplement pour nous protéger de nos propres peurs.

La rupture non assumée

Tant que nous n'acceptons pas de composer avec les doutes relatifs à notre valeur et à notre capacité d'assumer notre vie, nous sommes dans l'impossibilité d'avancer et de passer à autre chose. Lors d'une rupture affective, nous demeurons prisonniers d'une relation infectée. Nous pouvons trouver une autre personne avec laquelle partager notre vie, mais il est certain que nous traînerons avec nous l'abcès qui n'a pas crevé. La source d'infection sera toujours présente et infiltrera, à coup sûr, notre prochaine relation. Si nous vivons du ressentiment face à un ancien partenaire, si nous demeurons trop fortement attachés à lui ou si nous trouvons encore que nous avons été sa victime, il est plus que temps de voir ce que renferment les cordons toxiques que nous avons gardés de cette relation et de les couper.

La rupture positive

Aussi douloureuse soit-elle, une rupture peut se transformer en un événement très positif lorsque nous prenons le temps de l'assumer. Les peurs auxquelles elle nous confronte ne

ILLUSTRATION 14.1 LA RUPTURE ASSUMÉE

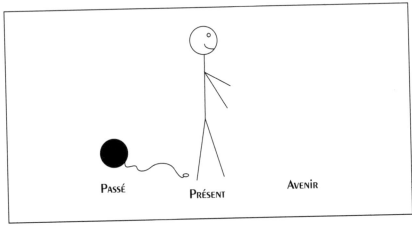

PASSÉ   PRÉSENT   AVENIR

naissent pas au moment où la séparation se produit, mais elles ont une source inconsciente beaucoup plus profonde puisqu'elles remontent à l'enfance. Une situation qui permet de faire remonter ces peurs au niveau de la conscience peut être considérée comme un cadeau parce qu'elle nous donne l'occasion de faire le ménage dans nos peurs, de nous débarrasser des doutes qui nous blessent depuis si longtemps et auxquels nous n'avions pas accès.

Lorsque nous parvenons à nettoyer ces plaies, elles peuvent enfin se cicatriser et cesser de nous faire souffrir, ce qui procure un sentiment d'assurance et de bien-être que même le partenaire ne pouvait nous apporter réellement. Nous sommes alors libres d'avancer et capables de le faire.

Cinquième partie

Couper les cordons

Chapitre 15

Faire le choix

Maintenant que nous savons quelle est la blessure qui alimente les cordons du ressentiment, de la dépendance affective et de l'apitoiement sur soi, de quoi sont constitués ces derniers, comment ils se sont développés et le rôle qu'ils ont joué dans notre vie, nous devons décider si nous voulons soigner la blessure et nous défaire de ces cordons toxiques.

Pour être en mesure de soigner une blessure, il faut tout d'abord reconnaître son existence; c'est la base essentielle. Lorsque nous souffrons d'un malaise physique, nous cherchons à en connaître la cause et nous tentons par la suite de résoudre le problème pour que cesse la souffrance. Si nous ressentons de violents maux de ventre, nous prenons les moyens que nous utilisons habituellement pour les contrer. Si ces derniers s'avèrent inefficaces et que la douleur perdure ou augmente, nous irons probablement consulter un médecin pour tenter de trouver la source du mal. Imaginons que le médecin détermine que nous souffrons d'une inflammation de l'appendice et qu'il nous faut subir une opération. Voilà! Le diagnostic est posé, la source du problème est trouvée. Il nous explique que si nous tardons à éliminer l'appendice malade, celui-ci pourra causer des maux de tête, des nausées et même se transformer en une péritonite aiguë, un désordre majeur qui peut entraîner la mort. À ce stade, nous pouvons quand même choisir de ne pas subir l'opération et de prendre les risques inhérents à ce refus. Nous acceptons alors de continuer à souffrir et de voir notre état de santé se dégrader, peut-être lentement, peut-être très rapidement. À partir du moment où nous connaissons la cause de nos maux de ventre, il est beaucoup plus sain d'accepter d'éliminer l'élément qui les provoque. À la suite d'une intervention en général assez simple qui vise à extraire l'appendice, nous voyons cesser la douleur et disparaître les dangers associés à l'inflammation.

Nous avons exactement le même choix avec les abcès qui grugent notre système émotif. Ils provoquent beaucoup de souffrance et peuvent nous mener vers des désordres aussi majeurs que les troubles de la panique, les phobies, la dépression et même le suicide. Maintenant que nous connaissons la source du problème, soit les doutes relatifs à notre valeur et à notre capacité d'assumer notre vie, nous pouvons décider de procéder à leur ablation avec l'opération relativement simple proposée au chapitre suivant ou décider de les conserver et accepter les risques inhérents à cette option.

Pour nous aider à effectuer ce choix, nous pouvons répondre aux questions qui suivent et qui sont relatives aux actions que nous désirons accomplir.

Pour finaliser un deuil

Afin d'en finir avec la tristesse profonde:

- Sommes-nous prêts à accepter le départ de l'autre si nous constatons que nous avons toutes les capacités pour assumer nous-mêmes notre vie?
- Désirons-nous conserver intacts tous les beaux souvenirs que nous avons en relation avec la personne disparue?
- Aspirons-nous à retrouver notre autonomie de fonctionnement et à renouer le contact avec nos forces vitales?
- Avons-nous vraiment besoin de la bouée de sauvetage que constituent les cordons de dépendance si nous sommes capables de prendre conscience de notre valeur profonde?

Pour assumer une rupture affective

Afin d'en finir avec le tiraillement intérieur:
* Sommes-nous prêts à accepter la fin de la relation si nous découvrons que la rupture n'a rien à voir avec notre valeur?
* Serions-nous capables d'accepter la séparation ou le divorce si nous découvrions qu'il n'est synonyme ni de rejet ni d'abandon?
* Souhaitons-nous pouvoir nous rappeler les bons moments de cette relation sans que ces souvenirs nous fassent souffrir?
* Désirons-nous retrouver notre autonomie de fonctionnement et la croyance dans notre valeur?
* Aspirons-nous à nous débarrasser de la rancune qui nous habite et qui gruge si fortement notre énergie?
* Avons-nous besoin des bouées de sauvetage que constituent les cordons toxiques si nous sommes à même de voir que nous avons de la valeur et que nous sommes capables d'assumer notre vie?

Pour soigner les blessures de l'enfance

* À l'âge que nous avons maintenant, est-ce que nous avons suffisamment souffert des abcès qui nous viennent de notre enfance? Sommes-nous las de cette souffrance?
* Sommes-nous fatigués d'en vouloir à ceux qui nous ont blessés, qui ont eu une influence négative sur notre estime de soi?
* Désirons-nous nous défaire de la panique reliée aux dangers d'abandon et de rejet qui nous poursuit encore aujourd'hui dès que ceux-ci semblent poindre?
* Souhaitons-nous nous débarrasser des sentiments d'impuissance et d'incompréhension que nous avons peut-être conservés de notre enfance?
* Sommes-nous prêts à nous défaire de toutes ces peurs et

ces peines que nous avons conservées intactes à l'intérieur de nous, peu importe le canal de dérivation que nous avons utilisé?

• Avons-nous envie de renouer directement avec notre source d'énergie vitale, de nous sentir bien et de retrouver la confiance en nous?

Voilà les questions qui nous permettent de décider si nous allons procéder ou non à l'exercice qui suit. Si nous avons répondu affirmativement à plusieurs d'entre elles, nous sommes prêts à reprendre notre vie en main et à mettre un terme à la souffrance que nous causent les désordres affectifs. L'exercice des cordons nous permettra de réaliser pleinement ces objectifs et nous pouvons procéder.

Si, par contre, nous avons répondu par la négative à la plupart d'entre elles, nous ne sommes pas prêts à continuer plus avant. Nous avons sans doute tout intérêt à recommencer la lecture des chapitres 8, 9, 10 et 11 et à réévaluer comment la théorie des différents canaux de dérivation s'applique à nous et prendre conscience des dommages que ceux-ci nous occasionnent.

Chapitre 16

Reconnaître la présence des doutes

Nous avons appris à reconnaître les symptômes anxieux dont nous souffrons et avons peut-être même pu placer des noms sur plusieurs d'entre eux: anxiété diffuse, chronique ou généralisée, stress, angoisse, trouble panique, phobies diverses, troubles obsessifs-compulsifs, dépression, *burnout* ou fatigue chronique. Nous savons dorénavant qu'ils sont le résultat d'un abcès dont la source d'infection est constituée des doutes que nous transportons quant à notre valeur profonde, à notre capacité d'assumer notre vie ainsi qu'à notre droit à la vie, à l'amour et au bonheur.

Dans l'exemple des maux de ventre que nous avons vu au chapitre précédent, le médecin peut décider de nous faire passer des examens avec des appareils à rayons X ou à ultrasons afin de confirmer son diagnostic. Ici, nous allons remplacer les machines sophistiquées par notre capacité de ressentir qui, elle, va nous confirmer si la source de notre malaise émotif est bien celle que nous venons de décrire. Pour ce faire, prenons quelques instants pour respirer profondément et nous détendre un peu. Par la suite, répondons aux questions qui suivent, non pas avec la première réponse qui nous vient en tête mais avec celle qui nous vient du cœur, que nous laissons remonter de notre ventre, du plus profond de notre intérieur.

Vos réponses doivent s'établir sur une échelle de 0 à 3, où:
0 = Non; 1 = Pas vraiment; 2 = Moyennement; 3 = Oui.

Questions: Réponses:
                                                            0   1   2   3

- Est-ce que je suis profondément bon?

  — — — —

- Est-ce que je suis profondément compétent?

  — — — —

- Est-ce que je suis capable d'assumer ma vie seul?

  — — — —

- Est-ce que je mérite d'être aimé?

  — — — —

- Est-ce que je mérite d'être heureux?

  — — — —

- Est-ce que je mérite de vivre?

  — — — —

- Est-ce que je mérite le respect?

  — — — —

Si nous avons répondu honnêtement oui à chacune des questions, nous sommes parmi les chanceux qui ne ressentent aucun trouble anxieux. Si nous avons répondu non, pas vraiment ou moyennement à au moins une des questions, nous ressentons des doutes quant à notre valeur et nous venons de mettre le doigt sur cette infection qui est à la base du malaise et qui déclenche notre anxiété.

Nous venons de crever l'abcès, sans plus de difficulté.

Il nous reste maintenant à nettoyer le pus qui s'y est accumulé au fil des ans et que les cordons toxiques ont contribué à créer.

Chapitre 17

Procéder au travail de fond

Nous pouvons dès maintenant établir quelles sont les personnes avec lesquelles nous avons maintenu les cordons toxiques du ressentiment, de la dépendance affective ou de l'apitoiement sur soi. Il peut s'agir d'une personne décédée dont nous n'arrivons pas à faire le deuil, d'une autre avec laquelle nous avons dû vivre une séparation ou un divorce, d'une autre encore qui nous a profondément blessés par des paroles ou des actions offensantes, ou d'un parent qui nous a blessés volontairement ou non durant notre enfance.

Lorsque nous avons identifié une personne, nous prenons le temps de préciser la raison pour laquelle nous n'arrivons pas à nous libérer des liens qui nous maintiennent rivés à elle et qui nous empêchent d'avancer.

Je n'arrive pas à...
- accepter que la personne décédée ne reviendra plus jamais;
- croire que ma relation amoureuse ait vraiment pris fin;
- pardonner le mal que cette personne m'a fait.

Parce que...
- cela fait trop mal;
- elle n'avait pas le droit de me faire cela;
- je me sens trop seul;
- je me sens rejeté ou abandonné;
- je ne comprends pas pourquoi cela s'est produit.

Ce sont là quelques exemples des précisions qu'il nous faut apporter en ce qui concerne la personne visée. Avant de poursuivre, nous devons savoir que le fait de couper les cordons toxiques qui nous relient à cette personne ne brise en rien les beaux liens qui nous unissaient à elle, s'il en existait. Au contraire, couper les liens toxiques contribue à faire remonter à la surface ceux qui sont positifs.

Maintenant que nous avons trouvé une personne avec laquelle nous entretenons un lien toxique, assoyons-nous confortablement et respirons profondément. Prenons conscience de notre désir de couper le lien toxique qui nous unit à cette personne et de nous débarrasser de toutes ces émotions difficiles qui sont reliées à elle et qui nous grugent de l'intérieur.

Passons maintenant au processus de visualisation qui s'effectue plus facilement lorsque nous avons les yeux fermés. Vous pouvez lire l'exercice en entier avant de continuer ou procéder par étapes, en ouvrant les yeux entre chacune d'entre elles.

Le procédé

1. Imaginez que cette personne se trouve quelque part devant vous, très près ou plus loin, telle qu'elle était il y a longtemps ou telle que vous la percevez aujourd'hui. Si vous avez de la difficulté, imaginez-la dans sa cuisine, son salon ou un autre endroit connu. L'image peut être claire ou floue. Le seul point important est que vous sachiez qu'il s'agit bien de cette personne.
2. Lorsque vous la voyez dans votre tête, imaginez qu'un cordon vous relie à elle. Celui-ci part de votre ventre ou de votre plexus solaire et se connecte à l'autre.
3. Commencez par préciser les différentes émotions et réactions pénibles que vous avez conservées de votre relation avec elle.

*Si les peines, peurs, colères, etc., semblent trop grandes pour être évacuées, vous pouvez les diviser en plusieurs morceaux, en identifiant les divers éléments qui composent la «boule».

Les peines

4. *Regardez* bien à l'intérieur de vous et voyez la peine qui vous habite en regard de cette personne. Précisez-la avec des mots: «J'ai de la peine parce que...» (par exemple: je m'ennuie, j'aurais voulu réussir ma relation, j'aurais voulu être aimé pour moi-même, je me sens seul, je n'ai pas été aimé, etc.). Prenez le temps de bien la ressentir.

5. Avez-vous encore besoin de cette peine? Vous est-elle d'une quelconque utilité? Vous a-t-elle suffisamment fait souffrir? Acceptez de vous en défaire, de la laisser aller pour être enfin soulagé.

6. Imaginez que cette peine descend à l'intérieur de vous et entre lentement dans le cordon qui s'étire et s'agrandit au besoin. Lorsque la peine se retrouve dans le cordon, laissez-la là temporairement.

7. *Regardez* la peine suivante: «J'ai également de la peine parce que...» Répétez les étapes 4, 5 et 6 pour chacune des peines qui vous habite face à cette personne.

Les peurs

8. Prenez conscience des peurs que vous avez développées en relation avec cette personne: «J'ai peur...» (par exemple: de faire confiance, de l'abandon, du rejet, de l'avenir, de la solitude, de me faire blesser, etc.). Ressentez la place que cette peur prend à l'intérieur de vous.

9. Avez-vous besoin de cette peur? Vous est-elle d'une quelconque utilité? (Parfois, nous avons l'impression qu'une peur nous protège du danger de reproduire les mêmes erreurs, et c'est faux. Ce dont nous avons besoin, c'est simplement de la vigilance et celle-ci est beaucoup plus facile à obtenir lorsque les peurs ne bloquent pas le chemin.) Vous a-t-elle suffisamment nui? Acceptez de vous en défaire pour pouvoir enfin avancer librement.

10. Imaginez que cette peur descend lentement à l'intérieur de vous et se dirige dans le cordon, avec les peines qui s'y trouvent déjà.
11. Lorsqu'elle est dans le cordon, précisez la peur suivante et répétez les étapes 8, 9 et 10 pour chacune de ces peurs.

La colère

12. Vérifiez s'il existe de la colère en rapport avec cette personne, que ce soit contre elle, contre la vie, ou contre quelqu'un d'autre que vous tenez responsable des difficultés éprouvées: «J'ai de la colère contre... parce que...» (par exemple: elle m'a quitté, elle m'a laissé seul, elle m'a pris la personne que j'aime, elle m'a blessé physiquement ou moralement, etc.). La colère peut aussi prendre les noms de rage, de haine, de ressentiment ainsi que de désir de vengeance. S'il existe de la colère en vous, permettez-vous de la reconnaître et de la ressentir.
13. Avez-vous besoin de cette colère? A-t-elle une réelle utilité? Vous permet-elle de régler le problème? Êtes-vous fatigué de la voir gruger vos énergies alors qu'elle ne donne rien de positif et qu'elle est toujours à recommencer? Donnez-vous le droit de vous débarrasser de cette réaction négative qui vous fait beaucoup plus de mal que de bien.
14. Imaginez que cette colère se dirige vers le cordon et y rejoint les peines et les peurs que nous y avons placées précédemment.
15. Répétez les étapes 12, 13 et 14 pour chacun des éléments de colère que vous décelez.

Les espoirs et les rêves déçus

16. En regard de la relation que vous aviez avec cette personne, certaines attentes ne se sont jamais concrétisées et certains rêves sont devenus impossibles: «J'aurais

voulu...» (par exemple: que cette personne soit plus douce et aimante, qu'elle reste avec moi, qu'elle me respecte, etc.) ou «Nous aurions pu ...» (par exemple: voyager, finir nos jours ensemble, développer une belle relation parent-enfant, etc.).

17. Pouvez-vous changer quelque chose à la situation? Le dépit vous apporte-t-il quelque chose de positif? Avez-vous encore besoin de la frustration reliée à ces déceptions? Acceptez de vous libérer de cette frustration qui n'engendre rien d'autre que de la colère.

18. Laissez descendre chacune des frustrations reliées aux rêves et aux espoirs déçus dans le cordon et y rejoindre les peines, les peurs et la colère qui s'y trouvent déjà.

L'incompréhension

19. Dans des situations de deuil relatif à un décès, à une rupture affective ou à des blessures reliées à l'enfance, il existe de nombreuses questions auxquelles nous risquons de ne jamais avoir de réponses et, en particulier, celles qui commencent par *pourquoi?* Ces questions sans réponse nous laissent un sentiment d'incompréhension qui, lui, provoque une sensation de vide. Si vous êtes habité par ce sentiment d'incompréhension, prenez le temps de bien le percevoir, de le ressentir.

20. Ces questions sans réponse vous font-elles du bien? Ont-elles une quelconque utilité? Croyez-vous pouvoir obtenir une réponse, un jour? Êtes-vous fatigué de ne pas comprendre? Prenez conscience qu'il y a des questions auxquelles vous n'aurez jamais de réponse et que vous n'avez pas besoin de tout comprendre.

21. Imaginez que les questions sans réponse glissent une par une dans le cordon accompagnées du sentiment d'incompréhension qu'elles déclenchent et qu'elles rejoignent tous les éléments négatifs qui s'y trouvent déjà.

L'impuissance

22. Nous n'avons pas le pouvoir de redonner la vie à une personne décédée, de ramener à nous quelqu'un qui a décidé définitivement de nous quitter, pas plus que nous ne pouvons effacer notre enfance. Cette incapacité à changer certains événements peut provoquer en nous un fort sentiment d'impuissance. Celui-ci se fait particulièrement présent dans les blessures de l'enfance et perdure à l'âge adulte. Si vous ressentez ce sentiment d'impuissance, prenez le temps de bien le percevoir, de voir toute la place qu'il occupe en vous.

23. Ce sentiment d'impuissance est-il très douloureux? A-t-il tendance à vous submerger? Est-il un élément positif dans votre vie? En avez-vous besoin? Acceptez de vous défaire de ce très lourd boulet qu'est ce sentiment d'impuissance.

24. Laissez-le se diriger vers le cordon et y prendre place avec tous les autres éléments négatifs qui l'habitent.

La culpabilité et la honte

25. Certaines situations nous laissent avec des sentiments de culpabilité et de honte difficiles à assumer. Il faut cependant savoir que la culpabilité et la honte ne sont rien d'autre que des freins qui nous empêchent d'avancer et de prendre conscience des doutes qui nous habitent relativement à notre valeur. Si vous avez gardé ces sentiments en regard de votre relation avec cette personne, regardez bien toute la place qu'ils occupent en vous.

26. Cette culpabilité et cette honte sont-elles positives? Sont-elles utiles? Vous procurent-t-elles de la souffrance supplémentaire? Prenez la décision de vous en débarrasser.

27. Laissez glisser la culpabilité et la honte dans le cordon afin qu'elles rejoignent tout ce qui vous blessait depuis longtemps.

Voilà, nous avons placé à l'intérieur du cordon tous les éléments qui constituaient le pus accumulé dans l'abcès. Regardez attentivement à l'intérieur de vous afin de voir si vous n'en auriez pas oublié quelques-uns ou s'il en existe encore qui portent des noms autres que ceux que nous leur avons donnés ici. Si tel est le cas, prenez le temps nécessaire pour finaliser cette partie du travail.

Nous avons vidé l'abcès et cela nous a certainement fait un bien énorme, mais nous ne pouvons refermer la plaie avant de nous être débarrassés de la source d'infection car, bien sûr, nous ne voulons pas que celle-ci nous occasionne encore de nouvelles peines, peurs, colères, incompréhension, etc. Nous savons que cette source est constituée de doutes et de fausses croyances que nous avons développés et conservés relativement à notre valeur ainsi qu'à notre capacité à assumer notre vie. Nous allons maintenant déloger ceux-ci et éliminer la source d'infection qui a créé l'abcès.

Les doutes

28. Vérifiez si vous ressentez de l'incertitude quant à votre bonté et à votre compétence. Si de tels doutes existent ou si vous êtes habité par la croyance profonde que vous n'êtes ni bon ni compétent, prenez conscience de leur présence.

29. Êtes-vous vraiment si méchant et si incompétent? Comme tous les autres êtres humains, vous avez des forces et des qualités. Êtes-vous fatigué de toujours voir vos défauts et faiblesses, en oubliant de voir vos bons côtés? Ces doutes ou cette fausse croyance vous apportent-ils quelque chose de positif? Ils provoquent simplement de la souffrance et ne correspondent aucunement à la réalité. Acceptez de vous débarrasser de ces doutes ou de cette croyance que vous n'êtes bon à rien. Vous n'en avez pas besoin, ils vous ont nui suffisamment longtemps. Prenez conscience de toute la douleur qu'ils vous ont occasionnée.

30. Laissez couler les doutes et les fausses croyances relatives à votre valeur dans le cordon pour qu'ils rejoignent
tous ces éléments destructeurs qui y sont déjà amassés.
31. Existe-t-il en vous des incertitudes quant à votre droit à
la vie, à l'amour et au bonheur? Si oui, prenez le temps
de bien les ressentir et de les cerner. Laissez votre logique
vous démontrer que, bien sûr, comme tous les autres,
vous avez droit à ces trois éléments essentiels pour l'être
humain.
32. Placez ces incertitudes et ces doutes quant à votre droit
de vivre, d'être aimé et d'être heureux dans le cordon afin
qu'ils ne vous habitent plus jamais.
33. Pouvez-vous discerner en vous la croyance que vous
n'avez peut-être pas les capacités nécessaires pour
assumer vous-même votre vie? Si ce doute existe, per-
mettez à votre logique de vous démontrer que vous êtes
un adulte doté de belles capacités, que vous êtes apte à
faire vous-même les choix et les gestes nécessaires à
votre accomplissement personnel. Les doutes deviennent
superflus, et pour cette raison, vous n'en avez plus
besoin et vous les placez dans le cordon, à leur tour.

Voilà, nous avons nettoyé à fond et nous avons placé dans
le cordon tous ces éléments négatifs qui nous habitaient et
provoquaient de l'anxiété. Il nous reste maintenant à nous
débarrasser de celle-ci.

34. Imaginez maintenant que vous coupez le cordon du côté
où il est attaché à vous et sectionnez-le également à
l'autre extrémité. Si vous en ressentez le besoin, vous
pouvez nouer les extrémités ou y poser des pinces avant
de procéder aux coupures.
35. Lorsque le cordon est détaché, décidez si vous voulez le
placer dans une poubelle, le lancer dans un cours d'eau
qui l'emportera ou alors le brûler afin qu'il disparaisse
complètement. Quelle que soit la méthode que vous
choisissez pour vous débarrasser de ce cordon toxique,
imaginez que vous effectuez l'action. Regardez-le dans
la poubelle, lorsqu'il part à la dérive ou pendant qu'il brûle.

36. Si la personne qui se trouvait à l'autre bout du cordon est encore là, dites-lui qu'elle peut partir, que vous êtes dorénavant capable de vous assumer seul.
37. Respirez profondément et prenez quelques minutes pour profiter du calme qui s'est installé en vous. L'exercice est terminé.

Chapitre 18
Conclusion sur l'exercice

Voilà! Nous venons de couper un lien toxique qui nous unissait de manière malsaine à la personne visée. En effectuant ce travail, nous avons fermé les canaux de dérivation temporaires que nous avions l'habitude d'utiliser pour libérer la surcharge émotive que nous éprouvions face à cette personne. Nous avons donné à notre logique la possibilité de faire son travail permanent en nous faisant prendre conscience que nous avons toute la capacité de nous assumer, que nous sommes bons et compétents et que nous avons droit à la vie, à l'amour et au bonheur. Nous nous sommes débarrassés des peines et des peurs qui avaient la fâcheuse habitude de bloquer notre circulation énergétique, et des doutes qui provoquaient possiblement des courts-circuits et des pannes de fonctionnement. Si le cœur nous en dit, nous

Illustration 18.1 Le plaisir d'avancer

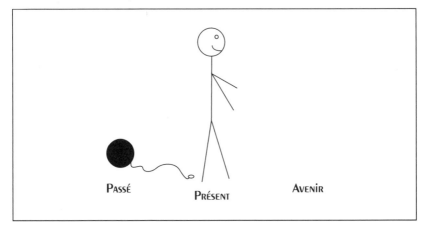

PASSÉ

PRÉSENT

AVENIR

pourrons reproduire l'exercice avec toute personne face à laquelle nous vivons des émotions pénibles.

Nous venons de nous faire un très grand cadeau en nous redonnant la capacité d'avancer sans efforts, n'ayant plus de lourds boulets à traîner derrière nous. Nous sommes libres. Nous allons réapprendre lentement à nous faire confiance, à découvrir toutes les forces qui nous habitent et à profiter de toutes ces belles qualités que nous possédons

Bonne route!

Sixième partie

Modèles d'opération

Chapitre 19

Des exemples de chirurgie émotive

Voici des exemples qui nous permettront de mieux voir comment peuvent se créer les blessures de l'enfance, et ce, quel que soit le genre de milieu dans lequel une personne a évolué. Le cas de chacun est différent de par la forme qu'il adopte, mais nous nous rendrons compte que chacune des personnes a développé le même genre d'émotions et de réactions et que, pour chacune d'entre elles comme pour chacun de nous, la source d'anxiété est toujours reliée aux doutes qui les habitent relativement à leur valeur profonde.

Marie-Lou et l'enfance avec un père alcoolique

Marie-Lou est une jeune femme au milieu de la vingtaine. Au moment de la consultation, elle vient d'acheter la maison de ses rêves, vit une très belle relation avec son conjoint, a un emploi stable et satisfaisant, et pourtant, il lui arrive régulièrement d'éclater en larmes sans raison apparente. Malgré tous les éléments qui, selon elle, devraient lui apporter le bonheur, elle se sent profondément malheureuse et démontre régulièrement une agressivité non justifiée particulièrement envers son conjoint qui ne présente aucun comportement inadéquat. Elle voudrait être heureuse, profiter de la vie et retrouver la douceur qu'elle sait présente en elle, mais qu'elle est incapable d'atteindre. Elle n'a aucune envie de passer des mois à fouiller dans son passé car, dit-elle, elle a suffisamment pleuré.

Elle a vécu dans une famille où le père était alcoolique et faisait montre régulièrement de violence envers sa femme et ses enfants qui ont dû se réfugier à quelques reprises dans des maisons pour femmes et enfants victimes de violence conjugale. Elle a réussi à poursuivre ses études jusqu'au collège et malgré la pression, elle a toujours obtenu d'excellents résultats scolaires.

Marie-Lou a besoin de faire le deuil de son enfance, de l'enfance qu'elle aurait voulu *normale* et sécurisante. Elle ressent énormément de peine et a conservé des peurs dont la plus grande, peut-être, est celle de faire confiance à un homme. Il existe en elle un fort sentiment d'impuissance et d'incompréhension qui découle de tous les pourquoi auxquels elle n'a pas de réponse. Elle a conservé de son enfance un doute inconscient quant à sa compétence car, malgré tous ses efforts en ce sens, elle n'a pas su protéger complètement sa mère de la violence de son père et n'a pas réussi à aider ce dernier à sortir de son alcoolisme. Avec sa logique, elle sait qu'elle n'avait aucun pouvoir sur ces deux éléments, mais les doutes ne se situent pas au niveau de sa raison. Ils sont ancrés dans son inconscient. C'est dans ses tripes qu'elle les ressent. Les doutes inconscients se situent également dans son droit à l'amour et au bonheur. Comme elle n'a pas réussi à modifier les comportements inadéquats de son père et à protéger efficacement sa mère, elle n'a pas rempli les *obligations* qu'elle s'était données et ne mérite peut-être pas d'être heureuse et d'être aimée.

En imagerie, Marie-Lou a établi un cordon avec son père. Tour à tour, elle y a déposé les peines, les peurs et la colère qu'elle avait conservées de sa relation avec lui. Elle a pris conscience des sentiments d'incompréhension et d'impuissance qui l'habitaient encore, a vu leur pouvoir nuisible et a accepté de s'en débarrasser. Elle a compris qu'elle n'avait aucun pouvoir de changer son père ni de modifier le passé, ce qui lui a permis de placer dans le cordon les attentes et les espoirs déçus qu'elle trimballait encore à ce moment. Nous avons regardé ensemble les doutes profonds qui l'habitaient relativement à sa compétence et elle a ressenti toute la douleur que ceux-ci lui occasionnaient ainsi que leur inopportunité. Elle a accepté avec joie de s'en débarrasser et de les laisser descendre dans le cordon. Après que ces derniers ont laissé la place, elle a réalisé pleinement qu'elle méritait de vivre, d'être aimée, heureuse et respectée et s'est alors débarrassée des doutes qui l'habitaient à cet égard.

Après avoir coupé le cordon et l'avoir brûlé, Marie-Lou a ouvert les yeux et s'est montrée très surprise d'avoir encore la même taille qu'à son arrivée. Elle avait l'impression d'avoir perdu au moins 20 kilos et d'avoir grandi de plusieurs centimètres. Elle venait simplement de se libérer de très lourds boulets qu'elle traînait de son enfance.

J'ai revu Marie-Lou quelques mois plus tard et elle m'a fait part que les crises de larmes avaient cessé complètement, qu'elle pouvait dorénavant parler de son enfance sans peine et sans colère, et que son conjoint apprécie grandement la douceur dont elle fait dorénavant preuve à son égard. Elle est même capable d'entrer en contact avec son père sans que la peur et la colère soient constamment présentes, même si celui-ci continue à consommer de l'alcool. Elle n'accepte pas pour autant ses comportements inadéquats mais ceux-ci n'ont plus le même pouvoir de la blesser, car ils n'ont plus d'abcès sur lequel frapper.

Colette et l'enfance avec une mère hypercritique

Colette est une femme de 50 ans qui montrait des comportements agressifs et dont la colère semblait prête à exploser au moindre incident, ce qui se produisait régulièrement. Elle se sentait très inquiète, tant dans son monde familial et amoureux que dans son environnement social et professionnel. Elle était devenue incapable de faire confiance à qui que ce soit et était constamment sur la défensive. Elle avait fait quelques tentatives de thérapie, mais elle disait s'être sentie trop agressée par les intervenants rencontrés.

J'ai rencontré Colette lors d'une conférence que je donnais sur le thème des cordons toxiques et j'ai eu droit, de sa part, à certaines questions posées sur un ton provocateur et agressant. Lorsque j'ai pu lui parler seule à seule, je lui ai fait part doucement que je percevais en elle beaucoup de souffrance et que cette dernière cachait certainement de nombreux doutes quant à sa valeur profonde ainsi qu'à son droit à la vie et au bonheur. Elle m'a regardée dans les yeux et s'est soudainement effondrée, pleurant sans pouvoir s'arrêter, comme si un barrage venait de céder à l'intérieur d'elle. L'abcès venait de crever. Je l'ai rencontrée en suivi individuel dès le lendemain et nous avons procédé à un nettoyage complet du site d'infection.

La mère de Colette était une femme très exigeante et hypercritique envers ses enfants. Elle voulait qu'ils soient toujours polis, obéissants et qu'ils réussissent dans tous les domaines où ils entreprenaient une activité. Ils se devaient d'être toujours propres et bien mis, prêts à rendre service et respectueux envers les adultes de l'entourage. Colette avait bien appris sa leçon et avait tenté de se conformer à l'image que sa mère voulait d'elle. Malheureusement, malgré tous ses efforts, elle avait reçu beaucoup plus de critiques que d'encouragements. Il semblait qu'elle n'en faisait jamais suffisamment pour satisfaire aux attentes de sa mère. De plus, le tempérament critique de cette dernière la poussant à porter des jugements très durs sur tout l'entourage, le monde extérieur apparaissait très effrayant à Colette.

Elle avait ainsi gardé de son enfance les croyances qu'il lui fallait constamment viser la perfection et se méfier des autres. Elle vivait beaucoup de ressentiment et possédait une tendance à l'apitoiement sur soi.

Au début de notre rencontre, elle m'a présenté sa mère comme une femme merveilleuse et courageuse qui lui avait insufflé le désir de réussir dans la vie et m'a plutôt parlé de la colère qu'elle ressentait contre toutes les personnes de l'entourage qui, selon elle, la traitaient avec mépris et portaient des jugements à son endroit. Je l'ai rapidement amenée à voir la peur du jugement qui l'habitait et à réaliser que celle-ci avait des racines très profondes. C'est là qu'elle m'a raconté qu'au-delà de l'admiration qu'elle démontrait pour sa mère, il existait une blessure très douloureuse causée par les exigences et les critiques de celle-ci. Je lui ai fait prendre conscience qu'il existait différents liens avec chaque personne et qu'il était vrai que sa mère lui avait appris à bien travailler et à s'assumer, ce qui constituait un lien très positif entre elles. Cependant, les critiques continuelles avaient tissé un cordon négatif qui avait entraîné des peurs, des peines et divers sentiments négatifs qui l'avaient lentement intoxiquée, et c'est de cette attache qu'il lui fallait maintenant se débarrasser.

En imagerie, Colette a visualisé sa mère et imaginé qu'un cordon les reliait l'une à l'autre. Elle a placé dans celui-ci les nombreuses peines dont elle avait gardé un vif souvenir. Elle a cerné les peurs qui l'habitaient à cette époque – et qui l'habitent encore, comme la peur de l'échec, de décevoir, de la critique, du jugement, du rejet et de l'abandon – et les a laissées descendre dans le cordon une à une. Elle est ensuite passée à toutes les attentes déçues, à toutes ces fois où elle avait espéré que sa mère reconnaisse les bons résultats, les réussites, les efforts produits, mais où les encouragements s'étaient fait attendre sans jamais survenir. Elle a pris conscience que ces attentes étaient vaines, qu'elles la faisaient souffrir, et elle a accepté de s'en défaire en les voyant glisser dans le cordon. Elle a fait de même avec les sentiments d'incompréhension, d'impuissance et de culpabilité qui, chacun à leur manière, l'avaient submergée et empêchée de vivre pleinement. À ce stade, la logique avait suffisamment d'espace pour lui permettre de voir que les doutes quant à sa valeur profonde et son droit à la vie n'avaient plus leur raison d'être. Elle les a regardés en face et a décidé de s'en débarrasser. Elle a placé ses doutes dans le cordon qui lui apparaissait maintenant noir et très gros.

Elle a ensuite coupé les deux extrémités du cordon et a imaginé qu'elle le plaçait dans un foyer extérieur et elle l'a fait brûler jusqu'à ce qu'il devienne en cendres. C'est là qu'elle m'a dit percevoir les autres cordons dont nous avions parlé au début de la rencontre, des liens doux, légers et très brillants qui l'unissaient encore à sa mère. Elle m'a alors demandé: «Et maintenant, qui suis-je? Je me sens libre, mais j'ai toujours vécu à travers cette colère et ce ressentiment. Comment vais-je fonctionner maintenant?» Nous avons regardé ensemble quelles étaient ses forces et qualités et, en un instant, elle a compris qu'elle avait, en elle, tout le potentiel pour vivre et assumer sa vie.

Colette est toujours elle-même, sauf que les accès d'agressivité ont disparu. Elle obtient encore d'excellents résultats dans ses activités car elle est une femme intelligente et qui travaille bien, mais elle ne se sent plus la même obligation de performance. Cependant, le changement le plus important est que le regard des autres a perdu son pouvoir de la paralyser et de la blesser.

Mario et l'enfance surprotégée

Au moment où j'ai rencontré Mario, il était un homme dans la trentaine, possédant une maîtrise en droit et une autre en administration. Il travaillait dans le milieu artistique, où il accomplissait un travail manuel qui n'avait rien à voir avec la formation qu'il avait reçue. Il était célibataire et se disait très heureux de l'être. À deux reprises, il avait vécu avec une femme pour des périodes d'environ un an et, depuis, il se nourrissait d'aventures amoureuses passagères. Il avait beaucoup voyagé et continuait de le faire. Il aimait bien essayer ce qui est nouveau et, pendant un certain temps, il avait participé à divers sports extrêmes. Il était en froid avec son père, mais il demeurait en contact régulier avec sa mère. Il disait venir me consulter pour le *trip*, pour essayer quelque chose de nouveau, ayant entendu parler de l'approche par une amie. Mario savait éblouir l'entourage et, pendant quelques minutes, je parvins difficilement à saisir quelle pouvait être la souffrance derrière la façade qu'il projetait. Personne n'était jamais venu me consulter par «jeu», juste pour le plaisir. Après quelques questions appropriées, j'ai vu s'affaisser ses traits et l'image qui m'apparaissait soudain ressemblait plus à celle d'un enfant de six ou sept ans, inquiet, démuni et tellement peu sûr de lui qu'à celle de l'adulte qui était entré dans mon bureau. Il m'a alors parlé de la sensation profonde de mal-être qu'il ressentait et contre laquelle il luttait continuellement. Il ne se sentait pas déprimé ou découragé mais simplement mal dans sa peau. Il avait l'impression de survoler sa vie plutôt que de la vivre, mais il n'avait aucunement envie de se lancer dans une longue et douloureuse psychothérapie pour essayer de changer cette situation.

Mario est fils unique et a grandi dans une famille qui lui a offert tout le matériel qu'il désirait. Ses deux parents, issus du *baby-boom* d'après-guerre, travaillaient tous deux, mais lui portaient beaucoup d'attention, semblaient comprendre ses dilemmes et s'assuraient de combler ses moindres besoins. Il a longtemps été un enfant parfait, poli, obéissant et studieux, répondant ainsi aux attentes non dites de ses parents: une famille nord-américaine réussie, parfaite, selon les normes sociales établies. Il a fait plaisir à son père en étudiant pour devenir avocat et suivre ainsi ses traces. Après sa maîtrise en droit et un échec lors des examens du Barreau, il a décidé de se diriger plutôt vers une maîtrise en administration des affaires (MBA). Il a convaincu ses parents de la justesse de sa décision et ceux-ci ont financé la poursuite de ses études pendant les deux années suivantes. Durant cette période, il a développé des amitiés et des affinités avec le milieu culturel *underground* de la métropole et lorsqu'il a obtenu son deuxième diplôme, il s'est joint à celui-ci. Il est devenu éclairagiste et preneur de son, au grand dam de son père qui avait nettement l'impression de s'être fait flouer et qui percevait dorénavant son fils comme un raté, ce qu'il ne manquait jamais de lui faire sentir. Sa mère avait continué de lui verser secrètement de rondelettes sommes d'argent afin qu'il puisse «survivre». À 34 ans, Mario avait réussi à se tailler une place de choix dans le milieu culturel et ses aptitudes artistiques étaient reconnues par ses pairs. Les relations avec son père étaient cependant toujours très tendues et il éprouvait du ressentiment envers celui-ci du fait qu'il n'acceptait pas ses choix de vie.

En imagerie, j'ai suggéré à Mario de visualiser son père et d'établir un cordon avec celui-ci. Le premier élément qu'il y a déposé a été la colère qui l'habitait face à celui-ci et qui le blessait continuellement. Dès qu'il s'est débarrassé de cette colère, la peine est apparue, car, le déguisement de ressentiment disparu, tout l'amour qu'il portait à son père et le besoin qu'il avait de son soutien pouvaient remonter à la surface. Il a laissé descendre dans le cordon toute la peine reliée au fait d'avoir été privé de son affection durant les 10 dernières années. Lorsque la peine de ne pas avoir su répondre aux attentes de ses parents est apparue, il a subdivisé le cordon en forme de Y (dont une branche était attaché à lui et les deux autres à ses parents) et a laissé descendre cette peine vers eux. Il y a placé également la colère qu'il ressentait envers lui-même de n'avoir pas su être le fils parfait qu'ils auraient souhaité. Il a par la suite évacué les nombreuses peurs qu'il avait conservées de son enfance si choyée: peur de l'échec, de la solitude, du rejet, de l'avenir, de déplaire, de décevoir ceux qui l'aiment, de n'être pas suffisamment compétent, etc. La seule attente déçue de Mario relevait de l'incompréhension de son père face à ses choix de vie. Il a pris conscience qu'il n'avait aucun pouvoir à cet effet et a accepté de se libérer de cette attente en la plaçant dans le cordon.

Dès qu'il a réussi à éliminer les éléments constituant le pus de l'abcès, Mario a pris contact avec les doutes profonds qui l'habitaient relativement à sa valeur profonde. Il avait été si protégé qu'il avait développé une incertitude quant à sa capacité d'assumer seul sa vie, sans la présence de ses parents. À la suite de son incapacité à répondre adéquatement aux attentes de ceux-ci, il s'interrogeait sur sa compétence en tant qu'être humain ainsi que sur son droit à la vie, à l'amour, au bonheur et au respect. À partir du moment où il a pris conscience de ces doutes, sa logique a pu lui démontrer rapidement que ceux-ci étaient non fondés et n'avaient plus leur raison d'être. Il s'est permis de les ressentir une dernière fois et a ensuite joyeusement accepté de les laisser glisser dans le cordon. Il venait de déraciner la source de son mal-être. Après avoir coupé les trois extrémités du cordon, il s'est imaginé déposant celui-ci au bord d'une rivière et le regardant disparaître, emporté par le courant.

Ma plus belle surprise, avec le cas de Mario, a été de recevoir, quelques mois plus tard, un téléphone de son père, me demandant s'il me serait possible de le recevoir en consultation. Il croyait avoir, lui aussi, quelques abcès à crever. Nous nous sommes rencontrés et il n'a pas été vraiment fait mention de Mario, car son père avait, lui aussi, ses propres «dossiers» à régler.

Marianne et l'enfance avec une mère malade

Lorsque je l'ai rencontrée, Marianne était une femme au milieu de la quarantaine qui vivait une période difficile depuis que le dernier de ses enfants avait quitté la maison l'année précédente. Elle avait été mariée pendant près de 20 ans à un homme qui souffrait de maladie bipolaire et dont elle avait divorcé 8 ans auparavant. Depuis, elle s'était consacrée entièrement à l'éducation de ses quatre enfants, trois garçons et une fille. Elle travaillait comme agent immobilier dans le domaine commercial et jouissait d'une bonne autonomie financière.

Au cours de l'année qui venait de s'écouler, Marianne avait commencé à ressentir les signes d'une très forte anxiété accompagnée parfois de sensations de panique. Son médecin lui avait prescrit des médicaments visant à diminuer son niveau d'angoisse et à améliorer son sommeil. Elle s'était accommodée de la situation, se disant que celle-ci était due à la solitude qu'elle vivait et que le tout s'estomperait certainement. Cependant, la situation semblait plutôt vouloir se dégrader puisque, depuis quelques mois, elle avait de plus en plus de difficulté à utiliser les ascenseurs. Elle sentait se développer une phobie qu'elle était incapable de rationaliser et qui risquait de lui apporter de nombreux problèmes à son emploi. C'est ce dernier élément qui l'avait incitée à consulter pour demander de l'aide.

Marianne était l'aînée de cinq enfants. Sa mère, une femme à la santé fragile, avait fait de nombreux séjours en milieu hospitalier. Son père était travailleur en usine et son salaire s'avérait à peine suffisant pour payer les innombrables frais médicaux, pour loger la famille et pour nourrir celle-ci. Chacun des enfants devait mettre la main à la pâte et effectuer les tâches dont il était capable. La mère avait développé un état dépressif presque constant et de nombreuses responsabilités avaient échu à Marianne, dont les soins physiques et hygiéniques à apporter aux plus jeunes, l'aide pour leurs devoirs et leçons, de même que diverses tâches ménagères. Son père lui avait mentionné souvent qu'il ne savait pas comment il aurait pu s'en tirer sans son aide, et chacun de ces encouragements l'avait remplie de fierté et lui avait donné la motivation de continuer à bien faire. Sa mère était décédée 15 ans plus tard, alors que Marianne avait déjà quitté la maison pour fonder son propre foyer.

Durant les 20 années de son mariage, elle avait dû assumer, là encore, la majeure partie des responsabilités familiales, puisque son mari avait vu alterner des périodes de découragement profond avec celles d'euphorie très grande pendant lesquelles il était incapable de faire face à la réalité quotidienne. La vie de la famille avait été très difficile, sur tous les plans, mais il lui avait mentionné régulièrement que sans elle il serait mort depuis longtemps, car il n'aurait jamais été capable de survivre sans sa présence et son aide, ce qui avait toujours donné à Marianne le sentiment d'être utile. Le prix à payer avait cependant été très élevé quant aux difficultés financières et à l'insécurité émotive pour les enfants. Après 20 ans de vie commune, une dégradation continuelle de l'état de santé mentale de son conjoint et les pressions effectuées par les enfants en ce sens, elle s'était décidée à mettre fin à la relation conjugale et avait obtenu le divorce. Elle avait ensuite commencé une nouvelle carrière dans le secteur immobilier et profité d'une vie beaucoup plus calme avec ses enfants dont elle avait pris l'entière responsabilité, son ex-mari ayant pratiquement disparu de leur vie. Elle me disait s'être débarrassée d'un poids très lourd et avoir eu enfin l'impression de vivre... jusqu'à l'année précédente. Elle vivait à présent seule. Trois de ses enfants habitaient au loin et le quatrième demeurait dans la même ville qu'elle, mais elle ne le voyait que rarement; il avait ses propres occupations.

Je l'ai amenée à prendre conscience de la sensation de vide et d'inutilité qu'elle ressentait et elle me dit qu'en effet, elle avait l'impression de ne plus avoir de raison d'être, que sa vie n'avait plus de sens. Marianne avait dédié sa vie aux autres et avait développé la croyance qu'elle n'avait d'importance que par l'aide et le soutien qu'elle leur apportait. Cette croyance avait pris ses premières racines dans son enfance où elle a dû prendre soin de sa mère et la protéger.

Je lui ai demandé de visualiser sa mère et d'établir un cordon avec celle-ci. Puis, je lui ai demandé s'il avait été difficile de devoir être la mère de sa propre mère. Après une minute de silence, les larmes ont commencé à affluer et une peine immense est remontée à la surface. Elle s'était sentie si démunie et tellement seule face à la souffrance de cette dernière. Un intense sentiment d'impuissance l'avait submergée et elle avait l'impression qu'à cette époque, elle avait survécu uniquement parce que son père avait eu besoin de sa présence, de son soutien et de son aide.

Lentement, une à une, elle a laissé descendre les peines dans le cordon. Elle y a aussi déposé les peurs qu'elle avait conservées de son enfance dont celles de l'abandon, de la solitude et d'être inutile. Elle s'est débarrassée du sentiment d'impuissance qui était toujours présent et qui avait refait violemment surface depuis quelques mois. L'abcès ayant ainsi été vidé, nous avons regardé ensemble les doutes qui l'habitaient quant à son droit à la vie et au bonheur. Son esprit logique avait suffisamment de place maintenant pour lui démontrer qu'elle avait ces droits, simplement parce qu'elle était un être humain et qu'elle n'avait pas à les mériter, à les gagner de haute lutte. Elle a placé dans le cordon cette croyance malsaine qu'elle devait se rendre utile pour avoir droit à la vie et au bonheur, et elle a alors poussé un immense soupir de soulagement. Elle m'a dit ressentir une très grande chaleur à l'intérieur d'elle, comme si la vie s'était soudainement remise à circuler. Le vide s'était comblé. Elle a coupé le cordon et ce dernier s'est dissous de lui-même, sans qu'elle ait à le jeter ou à le brûler. Elle venait de se redonner le droit de vivre, d'être heureuse et d'être aimée juste pour elle-même.

Marianne travaille toujours dans le domaine immobilier et utilise l'ascenseur plusieurs fois par semaine, sans aucune difficulté. Elle s'est offert plusieurs voyages, simplement pour le plaisir. Elle vit maintenant une relation avec un homme de tempérament indépendant. Ils ont conservé leur demeure respective, ce dont elle s'accommode très bien. Elle voit ses enfants et petits-enfants simplement par agrément et non pas parce qu'ils ont besoin d'elle ou qu'elle a besoin d'eux. Elle vit, simplement.

Lise et l'enfance dans une famille sans problème

Lorsque j'ai travaillé l'exercice des cordons avec Lise, je la rencontrais pour la deuxième fois. Nous nous étions vues huit mois auparavant pour une problématique de *burnout* et je l'avais alors aidée à réparer sa route de vie afin qu'elle puisse recommencer à fonctionner normalement. Le résultat s'était avéré concluant, puisqu'elle avait repris lentement le travail et s'y sentait de nouveau à l'aise. Elle revenait me consulter parce que, depuis, elle avait pris conscience qu'elle avait un problème quant à son estime de soi et s'était rendu compte qu'elle n'arrivait pas à se faire vraiment confiance. Le problème ne lui apparaissait pas catastrophique, mais elle était fatiguée de ses hésitations constantes et de sa difficulté à faire des choix. Elle souhaitait postuler pour un poste qui s'avérerait une bonne promotion à son travail, mais elle ressentait des craintes et de nombreux doutes quant à sa capacité de répondre aux exigences reliées à la tâche. Pourtant, en toute logique, elle savait qu'elle avait les compétences nécessaires pour obtenir ce poste et le remplir adéquatement, mais la logique n'était pas suffisante pour contrer les doutes. Elle me disait qu'elle pourrait simplement laisser tomber et ne pas postuler, mais elle savait qu'elle s'en voudrait par la suite d'avoir passé à côté d'une si belle occasion.

Je savais, pour l'avoir déjà rencontrée, que Lise était une femme de 36 ans, troisième d'une famille de quatre filles, et dont les parents vivaient encore ensemble et heureux après 45 ans de vie commune. Ses sœurs et elle avaient toutes obtenu des diplômes de niveau collégial ou universitaire et travaillé dans le milieu de leur choix. Lise adorait ses sœurs et avait tendance à les placer sur un piédestal: elles avaient si bien réussi dans leur vie amoureuse, professionnelle et familiale. Elle avait une nette tendance à se comparer à elles et toujours de manière défavorable. Pourtant, elle m'avait déjà dit que sa sœur aînée avait vécu deux divorces et qu'elle avait de la difficulté avec un fils qui consommait certaines drogues dures. Qu'à cela ne tienne, cette sœur avait toute son admiration pour la force qu'elle avait démontrée dans les moments pénibles qu'elle avait eu à traverser. Je sentais poindre, sous ses propos, une certaine dose d'apitoiement sur soi, l'image projetée d'une jolie petite Cendrillon. Évidemment, la pitié constituant un jeu auquel je ne joue pas, nous nous sommes dirigées plutôt vers une prise de conscience de la réalité intérieure qu'elle vivait, soit celle d'une femme qui a tout le potentiel nécessaire pour assumer sa vie mais qui en doute.

Je lui ai suggéré de visualiser un cordon dont une extrémité était attachée à elle et l'autre se divisait en cinq branches liées à ses trois sœurs, à son père et à sa mère. Ce type de cordon permet de soigner les blessures de l'enfance, particulièrement lorsqu'il est difficile d'établir une source unique aux doutes que nous avons conservés. Comme elle m'avait dit se sentir moins bonne et compétente que ses sœurs, je lui ai demandé si cette situation avait été pénible. La peine retenue est montée immédiatement à la surface, due, entre autres, à l'impression de n'avoir pas été à la hauteur, de ne pas avoir eu vraiment de place dans la famille et de ne pas avoir su épater ses parents par des actions d'éclat. Après les avoir bien ressenties, elle a laissé descendre les peines une à une dans le cordon. Elle a ensuite pu prendre conscience des peurs qui l'habitaient, dont celles de l'abandon et du rejet, de n'être pas suffisamment compétente, de décevoir et de déplaire, et les placer dans le cordon avec les peines qui s'y trouvaient déjà. La seule colère qu'elle ressentait était tournée contre elle-même. Elle a pris conscience de l'inutilité de celle-ci et l'a laissée glisser dans le cordon. Elle avait dès lors accès aux doutes profonds qui l'avaient minée depuis tant d'années et elle les a délogés tour à tour.

Sa logique lui a démontré qu'elle avait une bonne compétence en tant qu'être humain, qu'elle était différente de ses sœurs, mais avait une personnalité propre et entière lui donnant la capacité d'assumer elle-même sa vie. En découvrant qu'elle avait une place bien définie dans le monde, elle s'est débarrassée de ses doutes quant à son droit à la vie, au bonheur et à l'amour. Chacun des doutes a glissé en elle et s'est dirigé dans le cordon. À ce stade, elle s'est sentie très libérée. Elle a coupé la partie du cordon qui était reliée à elle et a vu ses sœurs et ses parents couper eux-mêmes les autres extrémités. Elle s'est imaginée que tous les six ensemble prenaient ensuite le cordon et le lançaient joyeusement dans un ruisseau où le courant l'emportait immédiatement au loin.

Lise a obtenu la promotion souhaitée et continue son travail. Sa relation avec sa famille, qui était déjà très bonne, s'est modifiée, car elle sent dorénavant qu'elle y a toute sa place et chacun la lui accorde sans problème.

Charles et la vie avec le ressentiment

Lorsque j'ai rencontré Charles, un homme retraité de 62 ans, il se relevait d'une opération pour un ulcère perforé à l'estomac et il flirtait dangereusement avec un état dépressif. Il venait me rencontrer un peu à contrecœur, incité très fortement à le faire par son épouse qui disait en avoir plus qu'assez du négativisme de celui-ci et le menaçait de mettre fin à leurs 15 années de vie commune si la situation ne s'améliorait pas. D'entrée de jeu, Charles m'annonça qu'il ne me faisait pas confiance, pas plus d'ailleurs qu'à tous les psy et autres professionnels en général. Il en voulait beaucoup à sa femme de l'avoir «obligé» à venir me voir et de le menacer de rupture. Il était également en colère contre le médecin qui l'avait opéré et qui, selon ses dires, n'avait pas effectué un bon travail. Il me parlait avec acrimonie de ses frères et sœurs qui, tous, avaient de l'argent en quantité alors que lui n'arrivait pas à se payer la vie de luxe dont il avait rêvé pour sa retraite. Ses enfants, nés d'un premier mariage, ne lui rendaient presque jamais visite et il les considérait comme égoïstes et mesquins.

Je l'ai laissé déblatérer sur tout un chacun pendant environ 30 minutes. À mes questions sur son enfance, il m'a simplement répondu que son père était un fou violent qui avait fait régner la terreur dans la maison et qui avait poussé sa mère dans sa tombe alors qu'elle n'avait que 44 ans. C'est en raison de cette violence qu'il s'était enfui de la maison à 16 ans et qu'il avait ainsi réglé le problème. Pour lui, le chapitre était clos et il refusait d'en parler plus longuement. Il lui semblait beaucoup plus important de faire face aux menaces proférées par son épouse, car il n'avait pas envie de revivre un divorce et de se retrouver seul à nouveau.

Comme tous ses propos semblaient démontrer qu'il était le plus malheureux et le plus incompris des hommes – donc une forte dose d'apitoiement sur soi –, je l'ai fortement incité à procéder à l'évaluation des éléments qui fonctionnaient positivement dans sa vie. Ce n'était pas facile, mais il a commencé à me parler de l'autocaravane qu'il avait acquise deux ans auparavant, de ses qualités techniques, de ses performances, de la fierté qu'il en tirait et du plaisir qu'il éprouvait à la conduire. Il a continué en me narrant les voyages que lui et son épouse avaient effectués ensemble, les visites dans différents festivals. Au souvenir de ces joyeuses périodes, je le voyais recommencer à vivre devant moi. Je l'ai amené à prendre conscience des plaisirs que la vie avait encore à lui offrir et comment le fiel qu'il entretenait à l'intérieur de lui pourrait le priver de ces années de bonheur possible. Je lui ai ensuite demandé si c'était là ce qu'il souhaitait, finir ses jours dans la rancœur, la haine, le ressentiment, les aigreurs d'estomac, la douleur, le découragement et peut-être la solitude, ou s'il ne souhaitait pas plutôt profiter de la vie avec son épouse, son autocaravane et les amis qu'il avait conservés. Il s'est immédiatement rallié à la seconde solution.

Je lui ai ensuite expliqué que tout le ressentiment qu'il entretenait en lui contribuait et contribuerait toujours à le maintenir dans la souffrance, et je lui ai demandé s'il voulait encore de celui-ci. Je voyais qu'une peine très grande cherchait à faire surface alors qu'il luttait pour éviter de la laisser monter. Je me suis approchée de lui, j'ai placé ma main sur son épaule et je lui ai dit: «Ici, tu peux te permettre de laisser remonter toute cette peine qui te fait mal depuis si longtemps, il n'y a aucun danger, elle ne pourra pas te submerger car nous allons nous en occuper. Il n'y a pas de honte à pleurer. Ce n'est pas un signe de faiblesse mais au contraire, un grand signe de santé émotive.» Les larmes sont alors venues, très lentement, au début, puis de plus en plus fortement et accompagnées de sanglots, laissant voir l'immense douleur qu'il avait si longtemps refoulée.

Je lui ai offert d'établir un cordon avec son épouse pour se défaire du ressentiment qu'il éprouvait face à celle-ci, mais il m'a répondu que dans le fond, il ne lui en voulait pas vraiment, qu'il comprenait son attitude. La seule personne à laquelle il en voulait vraiment et profondément était son père, cet «enfant de salaud» qui leur avait rendu la vie impossible et leur avait fait tant de mal. Je lui ai suggéré de visualiser ce dernier et d'imaginer qu'un cordon les reliait l'un à l'autre. En effectuant cette partie de l'exercice, il ne cessait de me répéter à quel point il le haïssait et combien il aimerait le tuer de ses propres mains s'il n'était déjà mort. En même temps et sans même s'en rendre compte, il frottait la zone de son estomac avec sa main. Je lui ai demandé si cette colère lui faisait du bien, si elle était douce pour son estomac. Il a sursauté quelque peu, a réfléchi quelques secondes et m'a répondu non, au contraire. Je lui alors suggéré de s'en débarrasser, de l'extraire de lui en la laissant glisser dans le cordon, ce qu'il a fait.

Puis, tour à tour, il a pris conscience de la peine, des peurs, des déceptions et des sentiments d'impuissance et d'incompréhension que cette violence avait engendrés et il a placé chaque élément dans le cordon. Il a ensuite procédé à l'évacuation des différents ressentiments qu'il conservait en lui et pour chacun d'eux, il s'est demandé s'il lui était d'une quelconque utilité et s'il en avait encore besoin. Il n'en a conservé aucun. Ils se sont tous retrouvés dans le cordon.

L'abcès était vidé et il était face à la source de l'infection: les doutes. Celui qui s'est montré immédiatement était relié à son droit à la vie et au bonheur. Les méritait-il vraiment, lui qui s'était enfui devant ce père violent plutôt que de l'affronter et de lui rendre ses coups? Lui qui s'était enfui, abandonnant sa mère seule avec cet homme qui la battait et la détruisait un peu plus chaque jour? Je lui ai demandé si, à 16 ans, il possédait les qualités d'un boxeur professionnel, la force d'un titan et le courage d'un preux chevalier de l'Antiquité. Il a éclaté de rire. Il s'est rendu compte qu'à cet âge, il n'était qu'un adolescent terrifié par une violence sur laquelle il n'avait aucun contrôle et que sa fuite avait été une saine réaction de survie. Il a également pris conscience que sa mère avait, elle aussi, fait des choix dont celui de demeurer dans une relation destructrice et qu'il n'aurait eu aucun pouvoir sur les décisions de celle-ci. Il a poussé ces doutes dans le cordon avec un plaisir évident. La source était tarie. Il s'est ensuite imaginé coupant les deux extrémités du cordon et plaçant celui-ci dans le foyer qui se trouvait à l'extérieur de sa maison où il l'a regardé brûler.

Avant de terminer, il m'a dit voir encore son père, qui s'en allait au loin, le dos courbé et que finalement, ce dernier faisait beaucoup plus pitié que lui car il n'avait jamais réussi à se débarrasser des poids qu'il traînait. Lorsqu'il a ouvert les yeux, Charles m'a demandé si je n'étais pas sorcière ou magicienne, car il ne se souvenait pas s'être jamais senti aussi léger et libre. C'était à mon tour de sourire. La séance que nous venions de vivre n'avait rien à voir avec la magie ou la sorcellerie. Je l'avais simplement aidé à crever un abcès très douloureux, à le vider et à désinfecter sa source. Les résultats relevaient plus d'une chirurgie émotive que d'une quelconque incantation ou formule magique qui aurait pu être prononcée.

Charles vit toujours avec son épouse, ils profitent pleinement de la retraite. Il ne se plaint maintenant que très rarement. Il est beaucoup plus facile d'approche et il dit qu'il lui faut presque se pincer tous les jours pour s'assurer que le bonheur qu'il ressent maintenant est bien réel, car il ne l'aurait jamais cru possible auparavant.

Denise et la dépendance affective

Denise est une cliente qui, à 42 ans, en paraissait à peine 30. Elle était enjouée, charmante et intelligente, avait un très beau visage, une apparence soignée et elle était coiffée à la mode du jour. On sentait qu'elle cherchait toujours à séduire et y parvenait sans difficulté. Malheureusement, me disait-elle, elle était constamment en butte à la jalousie et à la méchanceté des autres femmes, particulièrement dans son milieu de travail. Au moment de la consultation, elle vivait son deuxième divorce et sa énième rupture affective. Pourtant, il lui semblait avoir fait tous les efforts nécessaires afin de ne pas se retrouver seule une fois de plus. Elle s'était montrée disponible, chaleureuse, attentive aux besoins sexuels, physiques et émotifs de son mari et pourtant, il venait de la quitter pour une femme qui, selon Denise, n'était pas très jolie, possédait une intelligence moyenne et une apparence peu soignée. Elle me disait que le même *pattern* s'était répété toute sa vie, relation après relation. Elle se sentait dépassée par les événements et vivait de très forts sentiments d'incompréhension, de rejet et d'abandon. Depuis quelques semaines, des pensées suicidaires commençaient à poindre en elle.

Denise était la cadette d'une famille comptant deux filles. Son père était associé dans un cabinet d'avocats et sa mère, qui enseignait avant son mariage, était une femme belle et cultivée qui avait secondé son mari dans son ascension sociale et consacré sa vie à l'éducation de ses filles. Elle leur avait inculqué les bonnes manières, le sens du devoir et avait transféré sur elles ses propres rêves brisés de réussite professionnelle. Denise était devenue professeur dans une université. Au fil des ans, elle avait développé la croyance qu'il est essentiel de viser la perfection et de séduire l'entourage pour être aimée et appréciée. Sa relation avec sa mère alternait entre l'admiration et le ressentiment car, pour parvenir à ses fins, cette dernière s'était souvent montrée très dure à l'égard de sa cadette. D'un autre côté, Denise adorait tout simplement son père, amour qui ne s'était jamais démenti depuis son plus jeune âge. Celui-ci ressentait une fierté sans bornes à l'égard de sa fille et n'arrivait absolument pas à comprendre comment les conjoints de celle-ci avaient pu mettre de côté un tel «joyau».

Lorsque nous sommes entrées dans le vif de la souffrance qu'elle ressentait actuellement, elle m'a dit qu'elle avait fait le maximum pour satisfaire ses conjoints et que même un rendement de 100 % était insuffisant dans son cas. C'était sans doute la preuve qu'elle ne valait pas grand-chose et ne méritait pas d'être aimée et d'être heureuse. Elle se sentait comme une carpette sur laquelle les hommes de sa vie s'étaient essuyé les pieds et avaient par la suite jetée.

Je lui ai alors demandé s'il avait été difficile de se conduire comme un paillasson, de s'être mise à genoux devant les besoins des autres sans tenir compte des siens. Elle m'a regardé avec un éclair de colère. Elle n'avait pas aimé le mot «paillasson». Très rapidement, les larmes ont commencé à sourdre et elle a reconnu la véracité de mon affirmation. C'est ainsi qu'elle m'a dit se sentir: une moins que rien, aussi basse que terre, qui se sentait prête à tout pour être aimée et ne pas être abandonnée. Elle était prête à tout, à l'exception de se permettre d'être simplement elle-même car sous tous les artifices qu'elle avait développés, elle se sentait vide et inintéressante.

Je l'ai amenée à réaliser qu'elle avait tout fait pour cacher à ses amoureux ce qu'elle croyait être vraiment. Elle leur avait ainsi permis de vivre avec une très belle image, mais la chaleur humaine dégagée par une relation en profondeur leur avait peut-être manqué et ils l'avaient cherchée ailleurs. Comme elle me disait avoir l'impression de n'avoir rien à offrir de vrai et de profond, je lui ai suggéré que nous allions voir ensemble les éléments qui avaient créé ce vide intérieur et qui l'obligeaient à vivre continuellement derrière une façade de perfection.

Elle a visualisé son père et sa mère et a établi, avec eux, un cordon en forme de Y dont une branche était attachée à elle et les deux autres à ses parents. Nous avons regardé s'il existait en elle des peines reliées à l'enfance. Le premier mot qui lui est venu est «solitude». Elle s'était sentie très seule, sans véritables amis. Comme elle devait toujours faire attention de ne pas salir ses vêtements, elle s'était ainsi privée de jouer librement. Les enfants l'avaient rapidement écartée de leurs cercles de jeux et sa recherche de performance scolaire ainsi que le besoin de séduire les adultes de son entourage avaient fini de l'isoler des autres petites filles de son âge. Elle voyait très bien le lien entre cet isolement dont elle avait souffert enfant et son incapacité actuelle à créer des liens avec les femmes de son entourage.

Elle s'est permis de ressentir intensément cette peine et l'a ensuite laissée glisser dans le cordon. Elle s'est aussi permis de laisser venir une peine très lourde qui l'avait habitée durant les premières années de son enfance et qui était reliée au fait de ne pouvoir être constamment avec son père, de ne pouvoir le suivre à son travail et dans ses activités de loisirs. Elle en avait gardé un intense sentiment de privation qu'elle a laissé descendre dans le cordon avec la peine qui en découlait. À ce moment, elle a senti surgir une poussée de colère envers sa mère qui, selon elle, avait toujours cherché, par jalousie, à l'éloigner de son père. Elle a pris conscience que cette colère, qu'elle soit fondée ou non, n'avait plus sa raison d'être et elle a accepté de s'en débarrasser. Les peurs pouvaient enfin remonter à la surface: peur de l'abandon, de la solitude, de déplaire, de décevoir, de ne pas être aimée, de ne pas en faire assez, de l'échec et de l'erreur. Une à une, elle a ressenti leur présence et a décidé de les placer dans le cordon. Elle y a mis le sentiment d'incompréhension et les attentes qu'elle conservait de sa relation avec son dernier mari et y a finalement ajouté les besoins de perfection et de performance qui ne lui étaient plus d'aucune utilité.

Elle venait de vider l'abcès qui semblait vouloir la diriger directement vers la dépression. Denise était maintenant face à la source première de l'infection, aux doutes qu'elle ressentait relativement à sa valeur profonde et qu'elle n'avait jamais osé affronter. Se pouvait-il qu'elle soit une personne incompétente et sans substance, qu'il n'existe rien derrière l'image? Dès que la question était posée, la réponse devenait évidente. Bien sûr que non! Au contraire. Nous avons fait ensemble un inventaire logique de ses aptitudes, de ses capacités et de ses qualités et les doutes relatifs à sa valeur, à sa capacité de s'assumer ainsi qu'à son droit à l'amour et au bonheur se sont dirigés d'eux-mêmes vers le cordon. Elle a ensuite coupé les trois extrémités de celui-ci et l'a imaginé en train de brûler dans un four crématoire.

Lorsqu'elle a ouvert les yeux, Denise m'a demandé comment on pouvait développer de tels doutes quant à sa valeur et en venir à se détester autant soi-même. Je lui ai répondu qu'un ensemble d'éléments avaient constitué la toile et qu'il était impossible de déterminer comment chaque fil avait été tissé. Elle a ri, m'a dit d'attendre un instant et a refermé les yeux. Lorsqu'elle les a ouverts, elle m'a souri et m'a déclaré qu'elle venait de placer ces questions dans le four crématoire qu'elle venait d'utiliser. Aux dernières nouvelles, Denise avait un amoureux, mais elle vivait seule dans sa maison, par choix et par goût. Le niveau de son perfectionnisme s'était de beaucoup abaissé et elle semblait profiter pleinement de la vie.

Steeve et le deuil non finalisé

J'ai rencontré Steeve alors que je travaillais en maison de thérapie pour personnes itinérantes ayant une problématique d'alcoolisme et de toxicomanie .Depuis une dizaine d'années, il souffrait de trouble panique et de phobies diverses reliées au vide et il se relevait péniblement d'un épisode dépressif majeur qui l'avait conduit à une tentative de suicide. Il me dit que cette dernière avait été la résultante de son incapacité à vivre plus longuement avec l'angoisse qui le rongeait de l'intérieur et son incapacité à cesser sa consommation de substances toxiques. La vie ne présentait plus aucun intérêt à ses yeux et il se sentait minable et incompétent.

Il m'a raconté les principaux événements qui avaient jalonné sa vie, à commencer par le traumatisme qu'il avait subi 13 ans auparavant, alors qu'il était âgé de 18 ans: ses parents étaient décédés dans un accident d'automobile. Il disait avoir accusé le choc sans trop de dommages, même s'il avait utilisé du l'alcool et certaines drogues durant les années subséquentes. Il avait vécu une enfance heureuse et active, avec ses parents et sa sœur cadette. Il avait pratiqué divers sports et s'était bien adapté au monde scolaire. Il avait eu une enfance sans histoire. Au moment de l'accident, il poursuivait des études en électrotechnique au collège et ce soir-là, il prenait une bière avec des amis dans un bar d'étudiants. Il a vu arriver le frère de son père, le visage défait, qui s'est dirigé vers lui et lui a demandé de le suivre, car il avait quelque chose d'important à lui dire. Dehors, son oncle lui a annoncé que son père et sa mère venaient d'avoir un très grave accident et qu'ils avaient tous deux perdu la vie. Steeve ne se souvenait pas de la réaction qu'il avait eue ni des heures qui avaient suivi l'annonce. Il y avait eu un grand trou noir, simplement. Ses souvenirs reprenaient vie au moment où ses amis entraient dans le salon funéraire et se dirigeaient vers lui. Il avait eu l'impression d'être alors un zombie, de vivre l'événement comme s'il n'était pas touché directement. Il n'avait pas versé une seule larme. Sa jeune sœur, pour sa part, avait crié à quelques reprises et s'était régulièrement effondrée en sanglots, mais il avait été incapable de s'en approcher. Ses oncles et ses tantes s'étaient occupés d'elle. Il m'a raconté que par la suite, elle l'avait traité de sans-cœur et le considérait toujours comme tel. Treize ans plus tard, ils ne se parlaient que très rarement et lorsque le cas se présentait, il y avait toujours beaucoup d'agressivité entre eux.

Durant les trois années suivant le décès de ses parents, Steeve avait poursuivi ses études de manière sporadique et avait mené la grande vie. Il avait hérité d'une somme avoisinant les 300 000 $ qu'il avait refusé de placer et avec lesquels il s'était acheté, entre autres, une voiture sport et une motocyclette très puissante. Il n'était jamais seul, car nombreuses étaient les personnes qui aimaient profiter de sa générosité. Selon ses dires, l'alcool et la drogue s'étaient aussi avérés des compagnons efficaces, car ils lui avaient permis de «passer à travers» son deuil sans trop de souffrance. Entre-temps, il avait abandonné les études en raison de ses absences répétées et des basses notes obtenues. Alors qu'il venait d'avoir 22 ans, il avait dû vendre la motocyclette pour soutenir son rythme de vie, car l'argent s'était peu à peu envolé, tout comme l'avaient fait les nombreux «amis». C'est à cette époque qu'il pouvait situer la première attaque de panique qui s'était produite alors qu'il se trouvait sur une voie de service menant à un pont qu'il s'apprêtait à traverser. La crise avait été fulgurante: impression que le cœur allait exploser, étourdissements, nausées, sensation d'irréalité et impression de folie. Il n'avait pas utilisé le pont ce jour-là et ne l'avait plus jamais fait depuis. Il n'était plus jamais sorti de l'île de Montréal. Il avait finalement vendu la voiture, travaillé par intervalles très irréguliers, continué à consommer de plus en plus d'alcool et de drogue, ce qui l'avait conduit à plusieurs mois d'itinérance, de mendicité et de vie sans domicile fixe. À la suite de sa tentative de suicide et au cours du séjour en institut psychiatrique qui avait suivi, on lui avait fortement conseillé d'entreprendre une thérapie pour son problème de toxicomanie.

Après qu'il m'a raconté les principaux éléments de sa vie, je l'ai ramené directement au décès de ses parents car il m'apparaissait évident qu'il y avait là un deuil à assumer et à finaliser. Il ne souhaitait pas en parler mais je l'ai amené à comprendre que la souffrance qu'il ressentait avait certainement beaucoup à voir avec cet événement traumatique. Il a pris une inspiration profonde et les larmes ont commencé à faire surface quand il m'a dit se sentir terriblement seul, comme s'il existait un grand vide en lui et autour de lui. Il a accepté de me suivre dans le processus d'imagerie et il a établi un cordon avec son père et sa mère.

Il a d'abord laissé sortir une grande colère qu'il ressentait envers eux de l'avoir quitté de cette manière, de l'avoir laissé tomber. Lorsque cette colère est devenue consciente, son esprit logique a pu entrer en jeu et lui démontrer que, bien sûr, ses parents n'étaient en rien responsables de la situation. Il a ainsi pu constater que cette colère n'avait pas de raison d'être et a accepté de s'en débarrasser en la laissant descendre dans le cordon. Il s'est alors permis de ressentir profondément la peine qui l'habitait relativement au fait d'être privé de la présence et du soutien de ses parents. La douleur était très forte mais après quelques minutes, les sanglots se sont apaisés et il a décidé d'en finir avec cette peine qui l'étouffait depuis 13 ans. Il l'a laissée glisser dans le cordon, suivie des peurs de l'abandon, de la solitude et de l'avenir qui le poursuivaient depuis cette époque. Il a ensuite délogé de son inconscient les sentiments d'injustice, d'incompréhension et d'impuissance qu'il avait ressentis à l'époque du décès et qui s'étaient imprimés en lui et il les a placés à leur tour dans le cordon. Pour terminer cette partie de l'exercice, il s'est défait de la honte, des regrets et des remords qu'il ressentait face à ses comportements des dernières années en prenant conscience que ces éléments négatifs ne lui étaient d'aucun secours mais servaient plutôt à le détruire un peu plus.

Il avait dès lors accès à la source de l'infection. Il a cerné les doutes relatifs à sa capacité d'assumer seul sa vie, sans la présence de ses parents, et s'est rendu compte qu'à 31 ans, il en avait la possibilité. Il a ensuite pris conscience des doutes quant à son droit à la vie et au bonheur alors que ses parents en avaient été privés si brutalement, et son esprit logique lui a démontré que cette incertitude était non fondée.

Pour éliminer les doutes qu'il entretenait quant à son droit à l'amour et au respect, il a dû d'abord se pardonner les comportements inadéquats qu'il avait développés durant les dernières années et pardonner le mépris dont avaient fait preuve certaines personnes durant sa période d'itinérance et de mendicité. Nous avons regardé ensemble quel était le vrai Steeve avant l'accident, quelles avaient été ses forces et ses qualités, et il a pris conscience que chacune d'elles était encore présente aujourd'hui, comme si toutes s'étaient simplement endormies durant 13 ans et venaient enfin de se réveiller.

Il a accepté son droit au respect et à l'amour et a pris la décision d'apprendre à s'aimer et à se respecter lui-même, en premier. Ces doutes sont allés rejoindre les autres dans le cordon. Il se sentait heureux d'avoir crevé l'abcès et de l'avoir vidé, mais il conservait des craintes quant à sa capacité d'affronter la réalité extérieure sans l'utilisation de substances. Il a pris conscience de l'importance de conserver une vigilance constante, particulièrement durant les premiers mois où il aurait à réorganiser sa vie et à affronter les difficultés qui ne manqueraient pas de poindre, comme c'est le cas pour toute personne et dans toute vie. Il a aussi réalisé qu'il aurait probablement besoin de soutien pour y parvenir et que c'était à lui de décider à quel type d'aide il ferait appel.

Steeve a terminé la thérapie quelques mois plus tard et il a travaillé très fort pour se doter des outils qui lui permettront de demeurer vigilant. Lorsque je l'ai revu, il étudiait à l'université en travail social et son but était de devenir travailleur de rue auprès des jeunes itinérants. Il m'a dit que les premiers mois suivant sa sortie de thérapie avaient été très difficiles et qu'il avait eu besoin du soutien d'un intervenant social pour passer au travers. Il fréquentait un groupe d'entraide sur une base hebdomadaire, n'avait pas recommencé à consommer et était très fier de lui.

Annexe

Évaluation

Voici un questionnaire identique à celui qui se trouve dans les premières pages du livre. Si vous avez répondu au premier, il pourrait être intéressant de comparer les réponses obtenues avec celles-ci, une semaine ou deux après avoir terminé l'exercice des cordons. Vous verrez assurément de belles différences.

Questionnaire

Vos réponses doivent s'établir sur une échelle de 0 à 3, où: 0 = aucunement; 1 = un peu; 2 = beaucoup; 3 = énormément.

Questions: Réponses:
                                                0   1   2   3

Bloc 1
Entretenez-vous de la rancune pour:
* une parole qui vous a blessé?   __ __ __ __
* un jugement qu'on a porté contre vous?   __ __ __ __
* un rejet que vous avez subi?   __ __ __ __
* un sentiment d'avoir été abandonné?   __ __ __ __
* de la violence à votre endroit?   __ __ __ __

Bloc 2
Entretenez-vous un désir de vengeance envers:
* un parent?   __ __ __ __
* un employeur actuel ou ancien?   __ __ __ __

Questions: Réponses:
                                                              0   1   2   3

- un confrère de travail?   __ __ __ __
- un conjoint?   __ __ __ __
- un ex-partenaire?   __ __ __ __

Bloc 3
Avez-vous l'impression:
- de ne pouvoir vivre seul?   __ __ __ __
- d'avoir absolument besoin
  de l'amour de l'autre?   __ __ __ __
- d'être incomplet lorsqu'il s'absente?   __ __ __ __
- de ne pouvoir prendre de décision
  sans son avis?   __ __ __ __
- de ne pouvoir respirer sans lui?   __ __ __ __
- que vous mourriez s'il devait vous quitter? __ __ __ __

Bloc 4
Êtes-vous prêt:
- à tous les compromis pour garder l'autre?   __ __ __ __
- à oublier vos besoins au profit des siens? __ __ __ __
- à le suivre au bout du monde?   __ __ __ __
- à accepter des comportements
  inadéquats de sa part?   __ __ __ __

Bloc 5
Avez-vous l'impression:
- que vous êtes particulièrement
  malchanceux?   __ __ __ __
- que le malheur semble s'acharner
  sur vous?   __ __ __ __
- que la plupart des gens ne vous
  comprennent pas?   __ __ __ __
- qu'on essaie souvent de profiter de vous?   __ __ __ __
- que votre vie n'est qu'une longue
  suite de problèmes?   __ __ __ __

Questions: Réponses:
                                                    0 1 2 3

- de devoir lutter constamment
  pour avancer?   — — — —

Bloc 6
Aimeriez-vous:
- que les gens soient plus gentils?   — — — —
- qu'ils s'intéressent plus à ce qui
  vous arrive?   — — — —
- qu'ils soient plus compatissants?   — — — —
- que la vie soit moins dure avec vous?   — — — —
- être aussi chanceux que les autres?   — — — —

Bloc 7
De votre enfance, avez-vous conservé:
- des souvenirs pénibles?   — — — —
- certains regrets?   — — — —
- des remords?   — — — —
- de la culpabilité?   — — — —
- une impression de malaise général?   — — — —
- un sentiment d'inaptitude
  et d'incompétence?   — — — —
- une peur de l'abandon et du rejet?   — — — —
- une mauvaise perception de l'amour?   — — — —
- des doutes quant au bonheur possible?   — — — —
- une incertitude quant à votre valeur?   — — — —

Bloc 8
À la suite du décès d'un proche, avez-vous de la difficulté:
- à reprendre votre vie en main?   — — 2 —
- à accepter qu'il ne reviendra plus?   — — — —
- à croire qu'il ait pu vous quitter?   — — — —
- à pardonner à la vie de vous l'avoir pris?   — — — —
- à vous défaire des objets qui
  lui ont appartenu?   — — — —

Questions: Réponses:

                                              0   1   2   3

- à prendre des décisions sans chercher
  à découvrir ce qu'il en aurait pensé?   __ __ __ __
- à vous souvenir des bons moments
  que vous avez partagés ensemble?   __ __ __ __

Bloc 9

À la suite d'une séparation ou d'un divorce, avez-vous l'impression:

- qu'il est impossible que cette relation
  soit terminée?   __ __ __ __
- que la rupture est injuste?   __ __ __ __
- que vous n'avez peut-être pas fait
  tout le nécessaire?   __ __ __ __
- qu'on vous a rejeté?   __ __ __ __
- qu'on vous a abandonné?   __ __ __ __
- que l'avenir s'est refermé devant vous?   __ __ __ __

Ressentez-vous:

- un sentiment d'incompréhension?   __ __ __ __
- un sentiment d'impuissance?   __ __ __ __
- une impression de trahison?   __ __ __ __
- de la colère?   __ __ __ __
- de la rancune?   __ __ __ __

Bloc 10

Dans votre vie en général, avez-vous l'impression:

- d'avoir de la difficulté à avancer?   __ __ __ __
- de traîner derrière vous des boulets?   __ __ __ __
- de vivre votre vie à moitié?   __ __ __ __
- que des peurs vous bloquent la route?   __ __ __ __
- que vous hésitez trop souvent?   __ __ __ __
- que la rancune vous étouffe?   __ __ __ __

Questions: Réponses:

                                                0   1   2   3

Ressentez-vous:

- une impression de vide?   — — — —
- une sensation d'inutilité?   — — — —
- une frustration continuelle?   — — — —
- une colère face à la vie?   — — — —
- un désir de vous sentir mieux
  dans votre peau?   — — — —

Resultats

Les questions des blocs 1 et 2 dénotent la présence du ressentiment, celles des blocs 3 et 4 se rapportent à la dépendance affective, alors que celles des blocs 5 et 6 concernent l'apitoiement sur soi, trois cordons qui peuvent s'avérer très toxiques.

Les questions du bloc 7 sont relatives aux blessures de l'enfance, celles du bloc 8 révèlent les difficultés auxquelles peut être confrontée une personne qui doit finaliser le deuil d'un proche qui est décédé, et celles du bloc 9 démontrent les problèmes que nous pouvons rencontrer à la suite d'une rupture affective. Les questions du bloc 10 sont plus générales et soulèvent des éléments laissant soupçonner la présence de cordons toxiques dans notre vie.

Toute réponse qui a évolué du 3 vers le 2, le 1 ou le 0, du 2 vers le 1 ou le 0 ou du 1 au 0 nous permet de prendre conscience des modifications positives profondes qui se sont produites en nous relativement au thème soulevé par ces questions.